MARIANNE BECKER
CLAUDIA MOCEK

KÜCHLE, CURRY UND CARPACCIO

Nachhaltig leckere Rezepte aus der Akademie Bad Boll

Mit Fotografien von
VALENTIN MARQUARDT und
MARTINA WAIBLINGER

Marianne Becker (1958) absolvierte ihre Ausbildung zur Hauswirtschafterin in der Evangelischen Akademie Bad Boll. 1999 kehrte sie als Hauswirtschaftsmeisterin dorthin zurück und übernahm zunächst die Stellvertretende Leitung und 2004 die Leitung des Bereichs Verpflegung im Tagungszentrum. An der nachhaltigen Küche gefällt ihr besonders, dass man sich damit für Fairness in der Lebensmittelproduktion und den Erhalt einer guten Zukunft für kommende Generationen einsetzt – für Frieden, Gerechtigkeit und die Bewahrung der Schöpfung.

Dr. Claudia Mocek (1971) hat als Programm-Managerin im Konrad Theiss Verlag Buchprojekte betreut. Seit 2013 leitet sie die Presse- und Öffentlichkeitsarbeit der Evangelischen Akademie Bad Boll. Die Historikerin, Musikwissenschaftlerin und Journalistin war schon vorher oft Tagungsgast und schwärmt vor allem für den Friséesalat mit Birnen und Walnüssen, das Zanderfilet mit Senf-Mango-Sauce und die Schokotarte mit Zimt-Zwetschgen.

Martina Waiblinger (1954) arbeitete 20 Jahre in der Presseabteilung der Evangelischen Mission in Solidarität (EMS) und war dort unter anderem tätig in den Bereichen Redaktion und Fotografie. Seit 2003 betreut sie an der Evangelischen Akademie Bad Boll als verantwortliche Redakteurin das Magazin SYM und kümmert sich um die Gestaltung der Publikationen. Seit Jahren veröffentlicht sie in SYM Rezepte der Akademieküche und hat schon viele Rezepte nachgekocht. Ihre Favoriten sind der Ziegenkäse auf exotischem Tomatenbeet und das Südafrikanische Putencurry.

Valentin Marquardt, 1983 in Stuttgart geboren, lebt und arbeitet als Fotograf in Tübingen.

1. Auflage 2016

Schönbuchstraße 48, D-72074 Tübingen.

Umschlaggestaltung: Christoph Wöhler, Tübingen, unter Verwendung einer Fotografie von Valentin Marquardt.
Druck: Gulde-Druck, Tübingen.
Printed in Germany.

ISBN 978-3-8425-2000-4

INHALT

SOMMER *55*

HERBST 87

WINTER *123*

Wenn morgens in der Akademieküche die Bohnen geputzt, der Salat gewaschen und die Kartoffeln geschält werden, können die Mitarbeiterinnen aus dem Fenster fast die Felder sehen, auf denen die Kartoffeln geerntet wurden. Auch Milch und Eier kommen aus der Gegend am Fuß der Schwäbischen Alb. Mehr als die Hälfte aller Nahrungsmittel, die im Tagungszentrum verarbeitet werden, wurden in der Region hergestellt. Rund 40 Prozent der verarbeiteten Produkte, darunter auch das Fleisch, stammen aus ökologischer Produktion. Kaffee, Tee, Gewürze, Bananen und Quinoa wurden fair gehandelt.

Das sechsköpfige Küchenteam des Tagungszentrums verarbeitet die Qualitätsprodukte zu leckeren und abwechslungsreichen Gerichten. Denn die rund 20 000 Gäste, die jährlich im Haus sind, wollen ihr Frühstück, Mittag- und Abendessen nicht nur nachhaltig genießen, es soll auch gut schmecken. Dass das gelingt, davon zeugen die vielen positiven Rückmeldungen: »Das Essen war köstlich«, »Ein Riesenlob ans Küchenteam«,

»Ich komme gerne wieder, auch weil die Mahlzeiten in Bad Boll ein Genuss sind«.

Das war nicht immer so. Bis in die Mitte der 1980er-Jahre wurden in der Akademie vor allem Konservenbüchsen, eingeschweißte Bratenstücke und Fertigsoßen verarbeitet. Von gesunder und genussvoller Ernährung, von bewusstem Einkauf und einer schonenden Zubereitung konnte keine Rede sein. Irgendwann hatten es die damalige Hauswirtschaftsleiterin Ingrid Hess und der Studienleiter Jobst Kraus (siehe Seite 25) satt, den Gästen fade und ressourcenintensiv produzierte Gerichte anzubieten. Sie beschlossen: Die Küche sollte im Dorf bleiben!

Doch kann man eine schmackhafte, ökologisch und sozial verträgliche Kochkultur problemlos auf eine Großküche übertragen? Einfach war es nicht. Skeptiker mussten überzeugt, Hindernisse überwunden werden. Doch mit Ingrid Hess und Jobst Kraus hatten sich zwei tatkräftige Visionäre gefunden: »Wenn man das will und Herzblut hineinsteckt, dann lässt sich das auch organisieren«, war die damalige Hauswirtschaftsleiterin überzeugt.

Sie hatte sich nicht getäuscht: Nach und nach verschwanden die Fertigmischungen aus dem Lager und machten Platz für Biogewürze, fair gehandelten Kaffee und Tee, das Küchenteam verstaute die Dosenöffner in der Schublade. Nun wurde richtig gekocht. Mit viel Sachverstand und Kreativität, Liebe zu den Produkten und handwerklichem Geschick. Das Team zaubert seitdem jeden Tag ein Essensangebot auf den Tisch, das eine hervorragende Qualität besitzt, köstlich schmeckt und rundum verträglich ist. Selbst Spitzenkoch Wolfram Siebeck war 2003 so davon begeistert, dass er die Akademieküche mit dem silbernen Biostar-Preis auszeichnete.

Serviert werden die Mahlzeiten in dem eleganten Glas-Kubus, der an die Villa Vopelius angrenzt. Der Name des Speisesaals, »Symposion«, bedeutet Gastmahl, Speisesaal und Tischgemeinschaft. Die Akademie erinnert damit sowohl an die Meisterdialoge Platons als auch an die Speisung der Fünftausend aus dem Markusevangelium, bei der Jesus die Menschen einlädt, sich »Symposia für Symposia«, Tischgemeinschaft für Tischgemeinschaft, auf das grüne Gras zu lagern (Markus 6,30 ff). Das Gebäude mit seiner großzügigen, fast schwebenden Terrasse und dem grandiosen Ausblick auf den Park unterstreicht mit seiner Konzeption als »Gläsernes Restaurant« das bewusste Wirtschaften der Akademieküche. In der stimmungsvollen Atmosphäre lässt sich nicht nur genussvoll speisen, hier finden auch kommunikative Tischgemeinschaften zusammen.

Die Zusammenarbeit mit regionalen Zulieferern hatte sich schon bald eingespielt und sie hat sich bis heute bewährt. Die Akademie konnte den örtlichen Metzger davon überzeugen, Tiere aus biologischer Haltung zu beziehen. Hat er nicht ausreichend Bio-Schmorbraten vorrätig, reagiert die Küche flexibel und ändert ihren Speiseplan. Gibt es beim Gemüselieferanten viele Zucchini, kennt das Küchenteam ein leckeres Rezept, mit dem diese sich verwerten lassen. Hat der Landwirt eine neue Salatsorte probeweise angebaut, findet sie sich auch auf dem Speisezettel der Akademie wieder. So bleiben die Gerichte abwechslungsreich, neue Kreationen können entwickelt und die regionalen Zulieferer ökonomisch unterstützt werden.

Natürlich muss das Tagungszentrum auch auf den Preis achten. Doch dank preiswerter saisonaler Produkte halten sich die Kosten, die durch das qualitativ höherwertige Essen gestiegen sind, im Rahmen. »Dabei ist auch eine genaue Einkaufsplanung wichtig, sie spart viel Geld«, erklärt die Hauswirtschaftsmeisterin Marianne Becker, die seit 2004 den Bereich Verpflegung im Tagungszentrum leitet. Der jeweilige Speiseplan richtet sich nach den Gästen, die im Haus sind. »Wir bieten insgesamt weniger Fleisch als früher an, das gleicht das teurere Bio-Fleisch fast aus.« Doch auch das Küchenpersonal muss mitziehen. Wenn für die abwechslungsreichen Gerichte 35 Kilogramm Blumenkohl geputzt oder Tomaten geschnitten werden müssen, ist der Personalaufwand für die nachhaltige Küche etwa 20 Prozent höher, als wenn nur Tiefkühlware aufgetaut werden müsste. Doch der Einsatz lohnt sich, ist die Küchenchefin überzeugt: »An der nachhaltigen Küche gefällt mir vor allem, dass wir uns damit für Fairness in der Lebensmittelproduktion und den Erhalt einer guten Zukunft für die kommenden Generationen einsetzen – und damit auch für Frieden, Gerechtigkeit und die Bewahrung der Schöpfung.«

Durch die Umstellung in den 1980er-Jahren wurde die Küche zu einer pädagogischen Partnerin der Akademiearbeit. Die Evangelische Akademie Bad Boll steht für Begegnung und Diskurs: In Tagungen und Projekten bringt sie politisch Verantwortliche, Betroffene, Bürger, Wissenschaftler sowie Vertreter der Zivilgesellschaft an einen Tisch. Sie streitet für christliche Werte und Demokratie, für Toleranz und Nachhaltigkeit. Pro Jahr besuchen rund 8000 Gäste die rund 150 Veranstaltungen der Akademie, hinzu kommen weitere 500 externe Veranstaltungen im Tagungszentrum mit etwa 20 000 Gästen. Die Evangelische Akademie Bad Boll versteht sich als innovative Kraft in der Gestaltung einer demokratischen, sozialen und zukunftsfähigen Gesellschaft. Sie will Menschen in ihren persönlichen und beruflichen Kontexten unterstützen und zu verantwortlichem Handeln ermutigen.

Statt in den Tagungen nur theoretisch über Welternährung, Umwelt- und Entwicklungspolitik zu diskutieren und sich anschließend an Fleischstücken aus zweifelhafter Herkunft zu bedienen, kann sich nun jeder Gast im Speisesaal »Symposion« selbst davon überzeugen, dass Nachhaltigkeit und Genuss keine Gegensätze sind. »Es ist für unsere Gäste ein Lernen im Vorübergehen«, ist der frühere Studienleiter Jobst Kraus überzeugt: »Wir haben damals damit begonnen, möglichst viele Bereiche der Akademie zu ökologisieren. Wir erzeugen einen Teil des Stroms selbst, und beim Essen haben wir Schritt für Schritt auf eine rundum verträgliche Küche umgestellt. So bekommen Kopf und Bauch voneinander entsprechende Impulse.«

Das ökologische und gerechte Wirtschaften ist heute aus dem Arbeitsalltag der Akademie nicht mehr wegzudenken: Bei der Reinigung der Räume werden Chemikalien nur sparsam verwendet, das Regenwasser wird für die Toilettenspülung eingesetzt. Ein Blockheizkraftwerk erzeugt Strom, die Abwärme wird für die Heizung genutzt. Eine Pelletheizung und eine Photovoltaikanlage nutzen erneuerbare Energie. Ein Dienstwagen der Akademie ist ein Elektroauto, eine Stromtankstelle steht auch Tagungsgästen zur Verfügung. Die erste Ökobilanz der Einrichtung entstand bereits 1982. Seit 2003 ist die Evangelische Akademie Bad Boll ein nach der europäischen Öko-Audit-Verordnung EMAS zertifizierter Betrieb. In einem weiteren Schritt hat die Evangelische Akademie Bad Boll 2005 das Umweltmanagement mit den Bereichen Ökonomie und Soziales zu einem Nachhaltigkeitsmanagement ausgedehnt. Und natürlich ist die Küche schon lange nach EG-Bioverordnung zertifiziert.

Neben der ökologischen Verträglichkeit steht der Genuss im Mittelpunkt: Immer wieder werden wir von den Gästen der Akademie und externen Besuchern des Tagungszentrums nach Rezepten gefragt. Das erste Akademiekochbuch »Akademie in aller Munde« (1994) ist schon seit langer Zeit vergriffen. Mit dem vorliegenden Buch möchten wir die Leserinnen und Leser erneut zu einer sinnlich-raffinierten Küche einladen, deren Rezepte nicht nur nachhaltig sind, sondern die sich einfach nachkochen lassen – auch für Anfänger.

Hähnchenbrust in Rhabarbersauce, Semmelknödel mit Pilz-Mangold-Ragout und Schokotarte mit Zimt-Zwetschgen: Im neuen Akademiekochbuch gibt es rund 80 Rezepte zu entdecken, die jeweils für 4 Personen gedacht sind. Die Anleitungen für Vor-, Haupt- und Nachspeise sind nach Jahreszeiten geordnet. Tipps für vegetarische Varianten und Infos über Quinoa, lila Reis und andere Zutaten ergänzen die Kochrezepte. Porträts der regionalen Zulieferer und Texte, die zum Nachdenken über Essen und Geld, Umweltschutz und Landwirtschaft einladen, runden das Buch ab. Viel Spaß beim Lesen, Kochen und Genießen.

FRÜHLING

GRÜNER SPARGEL MIT ERDBEEREN AUF RUCOLA

Zutaten		**Zubereitung**

500 g	grüner Spargel
250 g	Erdbeeren
1	Bund Rucola
	Für das Dressing:
3 EL	dunkler Balsamico-Essig
½ TL	Salz
2 EL	süßer Senf
3 EL	Olivenöl

Spargel putzen, in Salzwasser für etwa 5 Minuten garen, herausnehmen und in Eiswasser abkühlen.

Erdbeeren vorsichtig waschen und halbieren. Rucola waschen, harte Stiele entfernen, in breite Stücke zupfen oder ganz lassen. Spargel in mundgerechte Stücke schneiden.

Die übrigen Zutaten zu einem Dressing verrühren.

Rucola, Spargel und Erdbeeren auf Tellern portionieren und vor dem Servieren mit dem Dressing beträufeln.

Tipp: Dazu passt ein spritziger Weißwein.

KOHLRABI-CARPACCIO AUF RUCOLA

Zutaten

½	rote Zwiebel
½	Apfel
500 g	Kohlrabi
20 g	Kürbiskerne
120 g	Rucola oder Blattsalate
	Für das Dressing:
2 EL	Apfelsaft
1 ½ EL	Olivenöl
3 EL	weißer Balsamico-Essig
½ TL	Kräutersalz
½ EL	Honig
1	Prise weißer Pfeffer

Zubereitung

Für das Dressing Apfelsaft, Olivenöl und Balsamico-Essig verrühren, mit Kräutersalz, Honig und Pfeffer würzen. Zwiebel und Apfel fein würfeln und zum Dressing geben. Kohlrabi schälen, in dünne Scheiben hobeln und mit der Hälfte des Dressings für mindestens eine Stunde marinieren.

Die Kürbiskerne in der Pfanne ohne Fett kurz anrösten, die Hälfte der Kerne zu den Kohlrabischeiben geben. Den Rucola ganz lassen oder in Streifen schneiden, auf einem Teller anrichten und mit dem restlichen Dressing beträufeln. Die marinierten Kohlrabischeiben darauf anrichten und mit den übrigen Kürbiskernen garnieren.

Zutaten		Zubereitung

Für den Teig:

250 g	Mehl
125 g	weiche Butter
½	Würfel Hefe
5 EL	Wasser
1 TL	Zucker
½ TL	Salz

Für den Belag:

100 g	Parmesan
1 kg	Spargel (grün und weiß gemischt)
½	Zitrone
1	Prise Zucker
3	Eier
250 g	Sauerrahm
	Salz
	weißer Pfeffer
	Muskat
	frische Kräuter, z. B. Petersilie, Schnittlauch, Bärlauch, Knoblauchrauke

Für den Hefeteig das Mehl in eine Schüssel sieben. Eine Mulde formen, die Hefe zerkleinern und mit den Butterflocken hineingeben. 5 EL Wasser und 1 TL Zucker zugeben, mit der Hefe vorsichtig verrühren und die Mischung mit etwas Mehl vom Rand bestäuben. Die Schüssel abdecken und den Hefevorteig etwa 15 Minuten an einem warmen Ort gehen lassen.

Dann das Salz zugeben und alles mit den Händen oder einem Rührgerät rasch unterkneten, den Teig zu einer Kugel formen und in der abgedeckten Schüssel wieder etwa 60 Minuten gehen lassen, bis er sich verdoppelt hat.

Inzwischen den Parmesan reiben. Spargel nach Bedarf putzen und schälen. Mit den Schalen in Salzwasser zusammen mit der halben Zitrone und einer Prise Zucker für etwa 5 Minuten köcheln lassen, herausnehmen und abtropfen lassen, Schalen entsorgen. Eier, Sauerrahm und Gewürze für den Guss verrühren. Die Kräuter hacken und mit dem Parmesan unter den Guss rühren.

Nun den Teig auswellen und in ein gefettetes Blech mit 28 cm Durchmesser legen, dabei einen schönen Rand hochziehen. Boden mit einer Gabel einstechen, den abgetropften Spargel darauf verteilen, Guss darübergießen und im Backofen bei 175 °C für 45 Minuten backen.

ZANDERFILET AUF TAGLIATELLE MIT GEMÜSESTREIFEN UND SENF-MANGO-SAUCE

Zutaten

800 g	Gemüse der Saison
40 g	Butter
4	Zanderfilets
1 EL	Zitronensaft
1 TL	Salz
250 g	Tagliatelle

Für die Senf-Mango-Sauce:

120 ml	Gemüsebrühe
100 ml	Schlagsahne
160 ml	Orangensaft
1 EL	Senf
60 ml	Mangosirup
	Salz
	Pfeffer
1 EL	Zitronensaft
1 EL	Maisstärke

Zubereitung

Das Gemüse in feine Streifen schneiden. In Butter kurz andünsten und auf dem Boden einer gefetteten Auflaufform verteilen. Die Fischfilets unter fließendem Wasser waschen, trocken tupfen, von beiden Seiten mit Zitronensaft beträufeln und salzen. Filets anschließend auf dem Gemüsebett anrichten.

Anschließend im Ofen bei 170 °C (Ober-/Unterhitze) 15 Minuten backen, danach etwa 10 Minuten ruhen lassen. Nun die Tagliatelle in ausreichend kochendes Salzwasser geben und gut 8 Minuten bissfest kochen.

In der Zwischenzeit für die Sauce Gemüsebrühe, Sahne, Orangensaft und Senf mischen. Die Flüssigkeit auf dem Herd einige Minuten lang köcheln lassen und mit Mangosirup, Salz, Pfeffer und Zitronensaft abschmecken. Die Maisstärke mit ein wenig Wasser anrühren und damit die Sauce binden.

Die Tagliatelle auf die Teller geben, die Sauce darüberträufeln und jeweils ein Zanderfilet mit Gemüsestreifen obenauf drapieren.

Tipp: Bei der vegetarischen Variante den Fisch durch Schafskäse ersetzen und bei 170 °C etwa 15 Minuten backen.

SPINAT-SCHAFSKÄSEPASTETE

Zutaten	
750 g	Blätterteig
	Semmelbrösel
	Für die Füllung:
600 g	Blattspinat
200 g	Schafskäse
160 g	Mascarpone
320 g	Magerquark
3	Eier
	Salz
	Pfeffer
1	Knoblauchzehe
	Mangoldstiele und Rote-Bete-Sprossen als Dekoration
	Für die Eiermilch:
1	Eigelb
1 EL	Milch
1 EL	Pinien-, Kürbis- oder Sonnenblumenkerne

Zubereitung

Den Blattspinat für 3 Minuten in kochendes Wasser geben. Die Blätter anschließend gut ausdrücken und leicht salzen. Schafskäse würfeln und mit Mascarpone, Magerquark und den Eiern zu einer glatten Masse verrühren. Den abgekühlten Spinat unterheben. Mit Salz, Pfeffer und gehacktem Knoblauch pikant abschmecken.

Den Blätterteig 5 mm dünn ausrollen. Zwei Drittel des Teiges auf ein gefettetes Backblech legen und mit Semmelbröseln bestreuen. Dabei muss der Teig bis über die Ränder reichen. Die Füllung auf dem Teig verteilen. Zur Kante hin 1 cm Abstand lassen. Restlichen Blätterteig darüberlegen, an den Rändern mit einer Gabel etwas andrücken. Überstehenden Teig abschneiden.

Für die Eiermilch das Eigelb mit der Milch verrühren. Die Pastete damit bestreichen. Zum Schluss die Pinien-, Kürbis- oder Sonnenblumenkerne darüber streuen. Im vorgeheizten Ofen etwa 40 Minuten bei 150 °C Umluft backen. Anschließend mit Mangoldstielen und Rote-Bete-Sprossen dekorieren.

Tipp: Dazu passen alle Arten von Salat.

EINE ZUKUNFTSFÄHIGE ESSKULTUR

»Aktion«, »Knüllerpreis«, »gut und günstig«: So oder so ähnlich wird der deutsche Verbraucher Woche für Woche mit billigen Preisen gelockt, viele – und oft zu viele – Lebensmittel einzukaufen. Weil die Augen größer waren als der Magen oder das Schnäppchen zum Großeinkauf verführte, landet ein Teil davon wieder auf dem Müll. Nach einer Stuttgarter Studie wirft jeder Bundesbürger pro Jahr 81,6 Kilo Lebensmittel weg. Pro Verbraucher und Tag lässt sich eine Menge von 225 Gramm an Lebensmitteln errechnen, die in der Tonne landen. Das Wegwerfen von Lebensmitteln schadet nicht nur der Umwelt und verbraucht wertvolle Ressourcen – es kostet auch bares Geld: 47 Prozent der Lebensmittelabfälle in deutschen Haushalten wären vermeidbar, weitere 18 Prozent teilweise zu verhindern: Zusammengenommen sind das etwa 53 Kilo vermeidbarer Abfälle pro Person und Jahr oder Waren im Wert von 235 Euro, die auf dem Müll landen. Auf Deutschland umgerechnet sind es bis zu 21,6 Milliarden Euro pro Jahr, die die alltägliche Verschwendung kostet.

Aus einer Untersuchung des Öko-Instituts Freiburg zu den Kosten unterschiedlicher Ernährungsstile ist das politische Kochbuch »Nachhaltig kochen!« entstanden. Nach dieser Studie betragen die Kosten eines Ernährungsstils mit 100 Prozent fairen Bio-Lebensmitteln, aber mit 70 Prozent weniger Fleisch, dafür viel Gemüse und Obst (Empfehlung der Deutschen Gesellschaft für Ernährung) pro Jahr und Person 2839 Euro und damit nur 80 Euro pro Jahr mehr, als wenn sich jemand konventionell und mit viel Fleisch ernährt (2758 Euro/Jahr). Dabei sagen

sowohl konventionelle als auch Bio-Preise angesichts von bäuerlicher Selbstausbeutung, niedrigsten Löhnen und externalisierten ökologischen Kosten noch lange nicht die Wahrheit.

Mehrkosten können aufgefangen werden, indem der Speisezettel sich an der Saison orientiert und durch das, was aus der Region frisch auf den Tisch kommt. So ist die Bio-Tomate in der Saison billiger als die konventionelle im Winter. Für Umwelt wie für Geldbeutel lohnt es sich, regionalen Produkten den Vorzug zu geben und die Zulieferer zu motivieren, ihre Produktion in kleinen Schritten umzustellen. Die Erfahrung der Akademieküche mit ihrem Wechsel von der Großschlächterei aus dem Allgäu, die alle Fleischprodukte »eingeschweißt« anlieferte, zum Ortsmetzger, der mit der Zeit »weichgeklopft« wurde und dann auf Bioland umstellte, ist ein Beispiel dafür. Die Akademieküche gibt im Schnitt etwa fünf Prozent mehr Geld aus für Produkte, die aus der Region, aus ökologischer Produktion und aus fairem Handel stammen. Wenn deutlich weniger Fleisch angeboten würde – das zu 100 Prozent aus ökologischer Tierhaltung kommt – wären die finanziellen Spielräume für Bio-Lebensmittel größer.

Bei einer gesünderen, fleischarmen Ernährung, die mit einer kreativen Resteküche gleichzeitig das Wegwerfen von Lebensmitteln vermeidet, ist der Umstieg auf Produkte aus ökologischem Anbau und fairem Handel finanziell machbar. Betrachtet man gleichzeitig den Anteil der Ernährungsausgaben am durchschnittlichen Haushaltseinkommen, so wird die Möglichkeit einer Gewichtsverlagerung im Haushaltsbudget doppelt einsichtig. Gab ein deutscher Privathaushalt 1950 noch 44 Prozent seines Budgets für Lebensmittel aus, 1970 noch 25, so sind diese Ausgaben 2014 auf 13,8 Prozent gesunken, wobei davon etwa vier Prozent für Alkohol und Zigaretten und nochmal ein Prozent für Softdrinks abgezogen werden müssen. Gleichzeitig gibt ein Durchschnittshaushalt in Deutschland fast 14 Prozent für – zumeist motorisierte – Mobilität aus.

Die derzeit vorherrschende Einkaufs- und Esskultur zeigt, wie wenig den meisten Menschen in unserem Land die Qualität in der Tierhaltung und im Umgang mit Böden und Bienen – deren zurückgehende Bestäubungsleistung in den Industrieländern global etwa mit 300 Milliarden Euro zu veranschlagen ist – und damit auch die Leistung einer bäuerlichen Landwirtschaft wert ist. Das bestimmende Einkaufskriterium ist der Preis, nicht die Qualität des Produktes und die dahinterstehende Arbeit. In der Agrargesellschaft war die Mühe noch erfahr- und sichtbar. Entsprechend wurden Lebensmittel noch geschätzt und hatten ihren Wert. Heute wird den Verbrauchern und Verbraucherinnen eine heile Welt von glücklichen Tieren vorgegaukelt, die Probleme und Folgen für menschliche Gesundheit, Böden, das Klima und die weltweite Ernährungssicherheit bleiben außen vor. Die Akademieküche möchte mit ihrem Konzept eine zukunftsfähige Esskultur schmackhaft machen, die der Schöpfung ihren Wert lässt und diese nicht ruiniert. *Jobst Kraus*

Jobst Kraus *arbeitete als Studienleiter für Umweltpolitik und nachhaltige Entwicklung von 1976 bis 2011 an der Evangelischen Akademie und versuchte neben seiner Tagungsarbeit auch das Wirtschaften – nicht nur das in der Küche – der Akademie entsprechend so zu gestalten, dass den Teilnehmenden ein Lernen für Kopf und Bauch aufgetischt wurde.*

PUTENBRUSTSPIESSE IM TANDOORI-MANTEL

Zutaten

800 g	Putenbrustfleisch
40 g	Tandoori-Gewürzmischung
3 EL	Sonnenblumenöl
1 EL	braunes Sesamöl
1 TL	Ingwer
1	Knoblauchzehe
2 EL	Honig
1 TL	Salz
2 EL	Sojasauce

Für das Ananas-Apfel-Chutney:

100 g	Ananas
100 g	Apfel
1 TL	Ingwer
160 ml	Apfelsaft
1 EL	weißer Balsamico-Essig
1 TL	Asia-Gewürz
1 TL	Honig
2 Msp.	Salz
1	kleine rote Chilischote

Für das Tomaten-Relish:

1 kg	Tomaten
250 g	Gemüsezwiebeln
50 g	getrocknete Birnen
50 g	getrocknete Aprikosen
75 g	Staudensellerie
½	rote Chilischote
je 1 TL	Senfkörner und Koriandersaat
200 g	Zucker
120 ml	Apfelessig
	Salz
350 ml	Aprikosensaft

Zubereitung

Für die Marinade die Tandoori-Gewürzmischung, das Sonnenblumen- und Sesamöl mischen. Fein geriebenen Ingwer und gehackten Knoblauch hinzugeben. Alle Zutaten vermengen, anschließend Honig, Salz und Sojasauce unterrühren. Die Masse pürieren.

Das Fleisch in 2 cm breite Streifen schneiden. Die Putenstreifen der Länge nach auf Holzspieße drehen und von allen Seiten mit der Marinade bestreichen. Mindestens 6 Stunden lang marinieren!

Im vorgeheizten Backofen etwa 12 Minuten bei 160 °C Umluft backen, Spieße zwischendurch wenden.

Für das Chutney die Ananas und den Apfel in kleine Würfel schneiden. Den Ingwer reiben. Apfelsaft und Balsamico aufkochen. Äpfel, Ananas und restliche Zutaten hinzugeben. Köcheln, bis die Apfelstücke zerfallen, falls nötig, pürieren.

Für das Relish die Tomaten kreuzweise einritzen, einige Sekunden in kochendes Wasser tauchen, abschrecken, häuten und dann mit den Kernen grob würfeln. Zwiebeln, Birnen und Aprikosen in feine Würfel schneiden. Sellerie putzen und in feine Scheiben schneiden. Chili fein hacken. Alles mit Senfkörnern, Koriander, Zucker, Essig, etwas Salz und Aprikosensaft mischen. Bei mittlerer Hitze etwa 75 Minuten dickflüssig einkochen, gegen Ende öfter umrühren.

Tipp: Chutney und Relish können auf Vorrat in größeren Mengen zubereitet werden. Dazu heiß in Twist-Off-Gläser einfüllen. Dazu passt Reis, Baguette und Salat.

DINKEL-MANDEL-KÜCHLE AUF FRÜHLINGSSPINAT

Zutaten

Für die Küchle:

- *300 ml* Gemüsebrühe
- *160 g* grober Dinkelschrot
- *60 g* gehackte Mandeln
- *2* Eier
- *140 g* Quark
- Salz
- frischer Pfeffer
- *1 TL* Paprika edelsüß
- evtl. Semmelbrösel
- reichlich Öl zum Ausbacken

Für den Frühlingsspinat:

- *500 g* Blattspinat
- *1* große rote Zwiebel
- *2 EL* Butter
- Salz
- Pfeffer
- Muskat

Zubereitung

Die Gemüsebrühe aufkochen und den Dinkelschrot einrühren. Die Masse bei kleinster Hitze etwa 30 Minuten zu einem dicken Brei ausquellen lassen. Gehackte Mandeln im Backofen bei 170 °C 10 Minuten rösten und anschließend in den Brei hineinrühren. Masse abkühlen lassen und für mindestens 8 Stunden (!) kaltstellen.

Anschließend Eier und Quark mit dem Knethaken unterheben. Den Brei mit Salz, frisch gemahlenem Pfeffer und Paprika abschmecken. Der Teig sollte gut formbar und nicht zu weich sein. Falls nötig, Semmelbrösel zum Andicken verwenden. Reichlich Öl in der Pfanne erhitzen. Mit einem Eisportionierer den Teig zu Küchle formen und in das heiße Fett geben. Küchle von beiden Seiten braten.

Den gewaschenen Spinat kurz in heißem Wasser oder -dampf blanchieren und abtropfen lassen. Die Zwiebel würfeln und in Butter andünsten. Den abgetropften Spinat untermischen. Mit Salz, Pfeffer und Muskat abschmecken.

Beim Dekorieren kann man seiner Fantasie aber auch freien Lauf lassen.

Info: *Die* ***Muskatnuss*** *gelangte mit den Kreuzfahrern nach Europa. Schon im 10. Jahrhundert schrieb der byzantinische Arzt Simon Seth über den Samen des Muskatnussbaums (Myristica fragrans), dass er »dem Magen, der Leber und dem Herzen nütze«. Er warnte aber auch vor einem übermäßigem Verzehr, weil dieser »den Eingeweiden schade«.*

KOHLRABI MIT POLENTASOUFFLÉ

Zutaten	
4	große Kohlrabi
2	Zwiebeln
2	Äpfel
2 EL	Olivenöl
200 ml	Apfelsaft
	Salz
	Pfeffer
	Für die Polenta:
200 ml	Wasser
	Salz
1 EL	Butter
50 g	Polenta
40 g	Parmesan
60 g	getrocknete Tomaten
	Oregano
2	Eier

Zubereitung

Kohlrabi waschen und schälen, kleine Blätter zurücklegen. Den Kohlrabi im Dampfeinsatz etwa 15 Minuten bissfest garen. Die Knollen nach dem Abkühlen aushöhlen, dabei einen stabilen Rand stehen lassen. Das Innere fein würfeln.

Für die Polenta das Wasser mit dem Salz und der Butter aufkochen, Polenta einrühren und 10 Minuten quellen lassen. Parmesan reiben, die getrockneten Tomaten würfeln und beides unter die Polenta heben. Die Eier trennen, das Eiweiß steifschlagen, das Eigelb unter die abgekühlte Polentamasse ziehen, dann den Eischnee vorsichtig unterheben. Mit Oregano würzen. Die Kohlrabi mit dieser Masse zu 2/3 füllen und in eine gefettete Auflaufform stellen

Zwiebeln und Äpfel würfeln und im Olivenöl anbraten, anschließend mit dem Apfelsaft ablöschen. Mit Salz und Pfeffer abschmecken und zu den Kohlrabi in die Form gießen. Im vorgeheizten Backofen bei 170 °C Ober-/Unterhitze 20 bis 30 Minuten backen. Die kleinen Kohlrabi-Blätter kann man nach Belieben in feine Streifen schneiden und über das fertige Gericht streuen.

GEFÜLLTER SCHWEINENACKEN MIT SPÄTZLE

Zutaten

Für das Fleisch:

400 g	Blattspinat
1	Zwiebel
1	Knoblauchzehe
1 EL	Butter
	Salz
	Pfeffer
	Muskat
4	flache Schnitzel vom Schweinenacken
150 g	Bergkäse
1	Ei
2 EL	Semmelbrösel
2 EL	Öl
100 ml	Gemüsebrühe
200 ml	Schlagsahne

Für die Spätzle:

500 g	Mehl
5	Eier
120 ml	Saurer Sprudel (nach Bedarf)
1 TL	Salz

Zubereitung

Spinat putzen, waschen und kurz blanchieren. Zwiebel und Knoblauch würfeln, in der Butter andünsten, den Spinat dazugeben und mit Salz, Pfeffer und Muskat würzen. Die Schweineschnitzel dünn ausklopfen, salzen und pfeffern, den Bergkäse reiben. Das Ei, geriebenen Käse, Semmelbrösel und abgekühlten Spinat miteinander vermischen und diese Masse auf die Schnitzel verteilen. Das Fleisch aufrollen und mit Zahnstochern fixieren. Backofen vorheizen auf 170 °C Umluft. Die Rouladen in Öl rundherum scharf anbraten, dann in eine Auflaufform setzen. Bratenfond mit der Gemüsebrühe ablöschen und die Sahne dazugeben. Sauce mit in die Auflaufform gießen und die Rouladen 40 Minuten im Backofen fertiggaren.

Für die Spätzle das Mehl, die Eier und den Sprudel in einer Schüssel mit dem Salz vermengen und mit der Hand oder einem Kochlöffel so lange schlagen, bis der Teig Blasen wirft. Dann 10 Minuten ruhen lassen. Der Teig sollte zähflüssig sein.

Den Teig durch eine Spätzlepresse portionsweise in kochendes Salzwasser drücken (oder von Hand schaben). Jeweils kurz aufkochen lassen, mit einer Schaumkelle herausnehmen und in kaltem Wasser abschrecken, gut abtropfen lassen.

Tipp: Statt der Spätzle passt auch Kartoffelpüree.

SÜSS-SAURE ASIA-GEMÜSEPFANNE

Zutaten	
250 g	Karotten
200 g	Sojasprossen
1 EL	Zucker
1 EL	Sonnenblumenöl
15 g	Ingwer
300 ml	Apfelsaft
	Gemüsebrühe
1 TL	Maisstärke
2 EL	Sojasauce
2 EL	Apfelessig
	Salz
	Pfeffer
1	Knoblauchzehe
100 g	Bambusschösslinge
100 g	Ananas
250 g	Brokkoli
200 g	Asianudeln

Zubereitung

Karotten in Streifen schneiden und zusammen mit den Sojasprossen im Wasserdampf in etwa 8 bis 10 Minuten bissfest garen. Den Zucker mit dem Sonnenblumenöl in einer Pfanne karamellisieren lassen. Gewürfelten Ingwer mit anschwitzen. Mit dem Apfelsaft ablöschen und der Gemüsebrühe auffüllen, bis das Gemüse bedeckt ist, und mit der Maisstärke abbinden. Die Flüssigkeit mit Sojasauce, Apfelessig, Salz, Pfeffer und klein geschnittenem Knoblauch pikant abschmecken. Bambusschösslinge in Streifen schneiden, Ananas in Stücke zerteilen und mit den gedämpften Karotten in die Pfanne geben. Brokkoli in kleine Röschen schneiden, knackig dämpfen und kurz vor dem Servieren unterheben. Die Asianudeln nach Packungsangabe kochen.

Tipp: Zum Dämpfen eignet sich ein Dampfeinsatz oder -korb aus Metall oder Bambus.

ITALIENISCHER RINDERSCHMORTOPF MIT PASTA

Zutaten

750 g	Rindfleisch (für Gulasch geeignet)
100 ml	Öl
	Salz
	Pfeffer
2	Zwiebeln
4 EL	Tomatenmark
400 g	Tomaten
	Basilikum
	Thymian
	Rosmarin
300 ml	Gemüsebrühe
1	Knoblauchzehe
100 g	getrocknete Tomaten
1 EL	Maisstärke zum Abbinden
100 g	Oliven

Zubereitung

Das Rindfleisch würfeln, die Stücke sollten etwas größer sein als bei einem Gulasch. In Öl scharf anbraten, dabei mit Salz und Pfeffer würzen, aus dem Topf nehmen und warm halten.

Die Zwiebeln würfeln und in dem Bratenfett kräftig anbraten, Fleisch dazugeben und das Tomatenmark kurz mitschmoren. Die Tomaten würfeln, Kräuter hacken. Das Fleisch mit Gemüsebrühe ablöschen, Tomaten, Kräuter und Knoblauchzehe hinzugeben. Etwa eine Stunde schmoren lassen, bei Bedarf mit Gemüsebrühe auffüllen. Die getrockneten Tomaten die letzten 10 Minuten mitköcheln lassen, die Sauce mit Maisstärke abbinden und zum Schluss die geschnittenen Oliven zugeben.

Tipp: Zum Gericht passen alle Arten von Pasta.

BÄRLAUCH-KÄSEKLOSS AUF TOMATENSUGO MIT BASILIKUM

Zutaten	
1	Bund Bärlauch
400 g	Magerquark
200 g	Mehl
2	Eier
300 g	Gouda
100 g	Gran Padano
1 TL	Salz
1	Prise Muskat
	Für das Tomatensugo:
1 kg	reife Fleischtomaten (z. B. Coer de Boeuf)
2	große Zwiebeln
1	Knoblauchzehe
100 ml	Olivenöl
1 EL	Gemüsebrühe
1 TL	Zucker
	Salz
	Pfeffer
1	Bund Basilikum

Zubereitung

Bärlauch waschen und in feine Streifen schneiden. Aus dem Quark, Mehl und den Eiern einen Teig rühren. Den Käse reiben und unterheben. Masse mit Salz und Muskat abschmecken und mit den Bärlauchstreifen vermischen. Mit einem Esslöffel kleine Klöße daraus formen und im Dampfkorb oder Dämpfeinsatz über Wasserdampf für 25 Minuten garen. Die Klöße schmecken ganz frisch am besten.

Für das Sugo die Tomaten waschen, Stielansatz entfernen und kreuzweise einritzen. 2 Minuten in kochendem Wasser blanchieren und kalt abschrecken. Haut abziehen, Tomaten in Stücke schneiden. Zwiebeln und Knoblauch schälen und fein würfeln. In Olivenöl glasig dünsten, die Tomatenstücke hinzugeben und bei milder Hitze mindestens eine halbe Stunde köcheln lassen. Mit der Gemüsebrühe, dem Zucker, Salz und Pfeffer abschmecken. Basilikum waschen, in feine Streifen schneiden und unterheben.

Tipp: Zu den Klößen passt auch eine Gemüsepfanne.

Info: *Die **Muskatnuss** (siehe Seite 29).*

HÄHNCHENBRUST IN RHABARBERSAUCE MIT REIS

Zutaten

2	rote Zwiebeln
4	Stangen Rhabarber
4	Hähnchenbrustfilets, ohne Haut und Knochen
2 EL	Butterschmalz
3 EL	Zucker
250 ml	Apfelsaft
2	Lorbeerblätter
½ EL	Thymian
	Salz
	Pfeffer
	evtl. Maisstärke zum Binden
200 g	Reis
	Portulak als Dekoration

Zubereitung

Zwiebeln schälen, in halbe Ringe schneiden, Rhabarberstiele waschen, schälen und in 2 cm lange Stücke schneiden. Die Hähnchenbrustfilets in dem Butterschmalz von beiden Seiten kräftig anbraten, zunächst die Zwiebelringe zugeben, danach die Rhabarberstücke.

Den Zucker zufügen und karamellisieren lassen, mit dem Apfelsaft ablöschen. Lorbeer und Thymian in den Bratensaft geben, einige Minuten die Flüssigkeit reduzieren. Dann abgedeckt noch 10 Minuten schmoren, mit Salz und Pfeffer abschmecken, bei Bedarf mit ein wenig Maisstärke abbinden. In der Zwischenzeit den Reis in Salzwasser kochen.

Tipp: Alternativ dazu schmecken auch Tagliatelle oder Penne.

QUINOASCHNITTEN MIT GEMÜSEPFANNE

Zutaten

200 g	Quinoa
½ l	gut gewürzte Gemüsebrühe
350 g	Karotten
100 g	Gouda
3	Eigelb
3	Eiweiß
3 EL	Petersilie

Für die Gemüsepfanne:

200 g	Kohlrabi
200 g	Karotten
200 g	Zucchini
200 g	kleine Champignons
100 g	junger Spinat
100 g	Frühlingszwiebeln
1 EL	Butter
400 ml	Gemüsebrühe
1 TL	Speisestärke
100 ml	Schlagsahne
1 EL	Zitronensaft
	Salz
	Pfeffer

Zubereitung

Quinoa in einer Pfanne ohne Öl anrösten, aber nicht bräunen. Mit der Gemüsebrühe ablöschen und 5 Minuten köcheln lassen. Inzwischen Karotten grob raspeln, in die Pfanne zugeben. Das Quinoa weitere 25 Minuten quellen lassen, bis alle Flüssigkeit aufgesaugt ist. Die Masse auskühlen lassen.

Käse reiben und zusammen mit dem Eigelb unter das Quinoa mischen. Eiweiß steif schlagen, Petersilie hacken, beides unterziehen. Die Masse in eine gefettete Auflaufform füllen, glatt streichen. 30 Minuten bei 160 °C Umluft backen.

Für die Gemüsepfanne das Gemüse waschen und schälen. Die Frühlingszwiebeln in breite Ringe schneiden, das restliche Gemüse in mundgerechte Stücke zerteilen. Die Zwiebeln in Butter andünsten, Kohlrabi und Karotten dazugeben. Mit Gemüsebrühe ablöschen und etwa 5 Minuten dünsten. Zucchini und Champignons dazugeben und weitere 3 Minuten garen. Spinat blanchieren und dazugeben, Sauce mit Speisestärke abbinden, die Sahne zugeben. Mit Zitronensaft, Salz und Pfeffer abschmecken. Darauf achten, dass das Gemüse nicht zu weich wird.

Tipp: In der Bärlauchsaison können einige Blätter in feine Streifen geschnitten über die Gemüsepfanne gegeben werden. Soll das Gericht vegan sein, Hafersahne oder Kokosmilch statt Sahne verwenden.

Info: ***Quinoa*** *ist der Samen der gleichnamigen Pflanze (Chenopodium quinoa), die aus Südamerika stammt und dort seit rund 6000 Jahren angebaut wird. Die Pflanze besitzt einen hohen Nährstoffgehalt und wächst bis in sehr große Höhen, sie ist daher ein wichtiges Grundnahrungsmittel der Bergvölker. UN-Generalsekretär Ban Ki-moon erklärte das Jahr 2013 zum Jahr der Quinoa.*

Mittlerweile gibt es einen regelrechten Quinoa-Boom und die große Nachfrage hat zu höheren Preisen geführt. Dies führt vor allem in den Anden zu einer Nahrungsmittelunsicherheit: Wird Quinoa so teuer werden, dass sich die Menschen ihr einstiges Grundnahrungsmittel nicht mehr leisten können? Die Produzenten machen sich auch Sorgen um die Nachhaltigkeit. Denn immer mehr Menschen kommen in die Anbau-Regionen, um Quinoa zu produzieren, ohne die traditionellen Praktiken zu kennen. Wer das getreideähnliche Produkt weiterhin nachhaltig genießen will, sollte daher fair gehandeltes Quinoa kaufen.

HIRSEKRAPFEN MIT INGWERKAROTTEN

Zutaten

Für die Hirsekrapfen:

½ l	Gemüsebrühe
150 g	Hirse
100 g	Gouda
3 EL	Petersilie
	Salz
	Pfeffer
	Semmelbrösel bei Bedarf
	Öl zum Ausbacken

Für die Ingwerkarotten:

1 kg	Karotten
2 EL	Ingwer
2 EL	Öl
200 ml	Orangensaft
200 ml	Gemüsebrühe
1 EL	Orangenschale
	Salz
	Pfeffer
	Honig

Zubereitung

Die Gemüsebrühe aufkochen lassen. Die Hirse in die Flüssigkeit einrühren, 10 Minuten kochen und weitere 10 Minuten ausquellen lassen. Masse anschließend auskühlen lassen. Den Käse fein reiben, Petersilie hacken und der Masse untermischen. Bei Bedarf Semmelbrösel zugeben. Zu kleinen Küchle formen und in der Pfanne in Öl ausbacken.

Für die Ingwerkarotten die Karotten schälen, in 4 mm dicke Scheiben schneiden. Den Ingwer fein reiben. Karotten und Ingwer im Öl andünsten. Mit Orangensaft und der Gemüsebrühe ablöschen. Abgeriebene Orangenschale untermischen. Etwa 20 Minuten bis zur gewünschten Bissfestigkeit garen. Mit Salz, Pfeffer und evtl. Honig abschmecken.

HOLUNDERBLÜTENGELEE MIT KIWI UND ERDBEEREN

Zutaten	
200 g	Erdbeeren
2	Kiwi
400 ml	Apfel-Holunderbeeren-Saft
100 ml	Holunderblütensirup
	Zucker nach Geschmack
1 TL	Vanillezucker
	Agar-Agar nach Packungsanweisung

Zubereitung

Erdbeeren und Kiwis putzen, in Scheiben schneiden und in Stielgläsern anrichten. Saft, Sirup, Zucker und Vanillezucker mit dem kalt zugesetzten Agar-Agar aufkochen, zu den Erdbeeren und Kiwis in die Gläser gießen und mindestens 3 Stunden kaltstellen.

Tipp: Nach dem Abkühlen können Holunderblüten in den Saft gestreut oder als Garnitur mit Sahne verwendet werden.

Info: ***Agar-Agar*** *wird aus den Zellwänden einiger Algenarten hergestellt. Es ist geschmacksneutral und eignet sich gut als Geliermittel. Ein halber Teelöffel ist in etwa so wirksam wie vier Blatt Gelatine. In Japan und China wird es seit dem 17. Jahrhundert für die Zubereitung von Speisen eingesetzt, Gelatine ist dort gänzlich unbekannt.*

»Bei uns geht es manchmal zu wie auf Bullerbü«, sagt Karin Woyta. Seit dem Jahr 2000 verbindet die Geschäftsführerin in Göppingen-Jebenhausen Ökologie mit sozialem Engagement. Der 45 Hektar große, durch Bioland zertifizierte Betrieb züchtet ostfriesische Milchschafe, stellt aus deren Milch Joghurt, prämierten Käse und Eis her und vermarktet diese und andere Produkte über einen Hofladen und ein -café, ein Regiolädle und im »Suppentöpfle« – dem ersten Bioland-zertifizierten Imbiss der Region Stuttgart.

Neben den 114 Mutterschafen werden auf dem alten Schafhof auch bedrohte Haustierrassen gehalten – Limpurger Rinder, Wollschweine, Bronzeputen und Deutsche Lachshühner. Von Januar bis Mai kommen die Lämmer auf die Welt, deshalb kann von Oktober bis März keine Milch verarbeitet werden. Die Tiere werden nur mit Frischfutter, Graspellets, Rüben und Heu gefüttert, Silage bekommen die Schafe keine.

Umweltgerechtes Arbeiten statt Sozialhilfe, so lautet das Motto. Denn der Waldeckhof ist ein Projekt der Staufen Arbeits- und Beschäftigungsförderung gGmbH (SAB), die sich mit verschiedenen Projekten um die Integration langzeitarbeitsloser Menschen im Kreis Göppingen bemüht. Gefördert vor allem durch den Europäischen Sozialfonds und das Jobcenter Göppingen, arbeiten insgesamt 170 Frauen und Männer ein Jahr lang in der Fahrradwerkstatt, der Hauswirtschaft, beim Gartenbau – und auf dem Waldeckhof.

»Dabei werden aber nicht nur Lämmle gestreichelt«, stellt Woyta klar. Unterstützt vom Fachpersonal und durch sozialpädagogische Angebote erlernen die Arbeitslosen handwerkliche Fertigkeiten, übernehmen Verantwortung und orientieren sich an bestehenden Strukturen im Team. Nicht zuletzt bei der Produktion hochwertiger Lebensmittel zeigen die Mitarbeitenden jeden Tag neu, dass auch benachteiligte Menschen Arbeit auf hohem Niveau leisten können. Ein wichtiger Schritt hin zu einer dauerhaften Integration auf dem Arbeitsmarkt.

Waldeckhof
Waldeckhof 1
73035 Göppingen
Telefon (0 71 61) 9 46 98 12
info@sab-gp.de
www.sab-gp.de

Öffnungszeiten Hofcafé:
Dienstag–Samstag 10–18 Uhr
Sonn- und Feiertag 13.30–18 Uhr
Öffnungszeiten Hofladen:
Dienstag–Samstag 9.30–18 Uhr

RHABARBERMOUSSE

Zutaten

2	Blatt Gelatine oder als vegetarische Variante Agar-Agar nach Packungsanleitung
200 g	Rhabarber
1 EL	Zucker
½ EL	Honig
100 ml	Apfelsaft
100 g	Mascarpone
150 ml	Schlagsahne
	Zitronenmelisse

Zubereitung

Gelatine einweichen. Rhabarber schälen und in 1 cm große Stücke schneiden, mit Zucker, Honig und Apfelsaft aufkochen, Gelatine in der heißen Masse auflösen, dann abkühlen lassen. Mascarpone dazurühren, Sahne schlagen und unterziehen. Etwas von der Sahne zum Garnieren zurückbehalten.

Die Mousse in Schälchen oder Tassen füllen, mit Sahnetuffs und Zitronenmelisse oder Rhabarberstückchen garnieren.

Info: ***Agar-Agar*** *(siehe Seite 46).*

SÜDFRÜCHTE MIT KARDAMOMKARAMELL

Zutaten

1	kleine Ananas
1	rosa Grapefruit
2	Kiwis
5	Kardamomkapseln
200 g	Zucker
200 ml	Orangensaft
	Minzblättchen zur Dekoration

Zubereitung

Südfrüchte waschen, schälen und in gleichmäßig dicke Scheiben oder Stücke schneiden. Auf einer Platte anrichten.

Kardamomkapseln schälen, schwarze Körnchen mörsern. Den Zucker in einer schweren Pfanne unter ständigem Rühren karamellisieren lassen. Darauf achten, dass er nicht zu dunkel wird, sonst wird das Karamell bitter. Mit Orangensaft ablöschen, den Kardamom zufügen und das Ganze köcheln lassen, bis es eine sirupartige Konsistenz aufweist. Den Sirup in ein kleines Gefäß füllen und zu den Früchten reichen. Dazu passt außerdem Schlagsahne, die mit etwas Vanillezucker gesüßt wurde.

Tipp: Das Karamell kann man gut am Vortag und auf Vorrat herstellen. Den Sirup dann in eine Flasche abfüllen und kühl lagern. Als Obst können Sie auch Orangen und Granatapfelkerne anbieten.

ERDBEER-JOGHURT-MOUSSE

Zutaten		Zubereitung
100 ml	Schlagsahne	Die Sahne steif schlagen, Joghurt, Vanillezucker und Zucker untermischen. Die Erdbeeren zusammen mit dem Orangensaft pürieren und unter die Sahne-Joghurt-Masse ziehen. Agar-Agar oder aufgelöste Gelatine in die Masse rühren. Die Mousse in eine Schüssel füllen und kalt stellen.
300 g	Joghurt	
1 TL	Vanillezucker	
3 EL	Zucker	
200 g	Erdbeeren	
100 ml	Orangensaft	
3	Blatt Gelatine oder als vegetarische Variante Agar-Agar nach Packungsanleitung	

Info: ***Agar-Agar*** *(siehe Seite 46).*

RHABARBERCRISP MIT VANILLESAUCE

Zutaten

600 g	Rhabarber
100 g	Zucker

Für das Crisp:

40 g	grobe Haferflocken
40 g	Mehl
20 g	brauner Zucker
1 Msp.	Zimt
50 g	weiche Butter
40 g	gehackte Mandeln

Für die Vanillesauce:

15 g	Maisstärke
20 g	Zucker
15 g	Vanillezucker
500 ml	Milch
½	Vanilleschote
1	Prise Salz

Zubereitung

Rhabarber schälen und in 2 cm breite Stücke schneiden. Mit Zucker mischen und in eine flache, gefettete Auflaufform geben. Die Haferflocken mit Mehl, braunem Zucker, Zimt, Butter und Mandeln mit dem Rührgerät kneten. Die Masse muss krümelig sein. Crisp über dem Rhabarber verteilen und alles etwa 25 Minuten bei 150 °C Umluft backen. Der Rhabarber muss weich sein.

Für die Vanillesauce Maisstärke, Zucker und Vanillezucker vermengen und mit einem Esslöffel Milch glattrühren. Vanilleschote halbieren, der Länge nach aufschlitzen, Mark in die Milch kratzen und die Schote hineingeben. Restliche Milch zum Kochen bringen und die Stärkemischung dazugießen. Die Sauce unter Rühren aufkochen lassen. Schote entfernen.

Tipp: Zum Rhabarbercrisp passt auch Vanilleeis.

SOMMER

ZIEGENFRISCHKÄSE MIT GEGRILLTEN MELONEN

Zutaten

½	Bio-Zitrone, Saft und Schale
½ EL	Honig
1	rote Peperoni
2 Msp.	Salz
	frisch gemahlener Pfeffer
2 EL	Olivenöl
200 g	Ziegenfrischkäse
400 g	Wasser- oder Zuckermelone
20 g	gehackte Mandeln
	Blüten der Saison zum Garnieren (z. B. Borretsch-Blüten oder Ringelblumen-Blütenblätter)

Zubereitung

Den Saft und die abgeriebene Schale der Zitrone mit Honig, fein gehackter Peperoni, Salz, Pfeffer und Olivenöl zu einer Soße verrühren. Den Frischkäse glatt rühren, eventuell etwas Milch zugeben. In Gläser füllen. Melone in Dreiecke schneiden, grillen und auf der Frischkäsecreme anrichten. Sauce über Melone und Frischkäse träufeln. Die Mandeln in einer Pfanne anrösten und über die Sauce streuen. Den Ziegenfrischkäse mit Blüten dekorieren.

Tipp: Dazu passt Baguette oder Toastbrot.

Info: ***Borretsch*** *bildet von Mai bis September strahlend blaue bis violette Blüten (»Himmelsstern«) aus. Die jungen Blüten sind rosa gefärbt, wohingegen die ausgewachsene Blüte blau ist. Grund dafür ist der sich ändernde pH-Wert während der Blütenentwicklung.*

ZUCCHINI-CARPACCIO AUF EICHBLATTSALAT MIT CHAMPIGNONS UND PARMESANSPÄNEN

Zutaten

1	Kopf Eichblattsalat oder
2	Bund Rucola
300 g	Zucchini
10	große Basilikumblätter
100 g	Champignons
100 g	Parmesan

Für die Marinade:

1 EL	weißer Balsamico-Essig
½ EL	Zitronensaft
1 EL	Olivenöl
½	Knoblauchzehe
1 EL	Salz
	frisch gemahlener Pfeffer
	Sprossen und Petersilie als Dekoration

Zubereitung

Für die Marinade den Essig mit Zitronensaft und Öl verrühren. Knoblauch hacken und mit Salz und Pfeffer zur Flüssigkeit geben. Salat waschen und in mundgerechte Stücke zerteilen. Beim Rucola die harten Stängelteile abschneiden, Blätter 2 bis 3 Mal durchschneiden. Salat mit zwei Dritteln der Marinade mischen und auf Tellern verteilen. Zucchini längs in hauchdünne Scheiben schneiden und roh mindestens 30 Minuten mit der restlichen Salatsauce und dem fein geschnittenen Basilikum marinieren. Die Mischung auf dem Salat verteilen. Champignons in feine Scheiben schneiden und darübergeben. Parmesan in hauchfeine Späne schneiden und darüber verteilen.

Zutaten

1	Salatgurke
400 g	Wassermelone
½	Bund Minze
2 EL	Olivenöl
1 EL	weißer Balsamico-Essig
100 g	Sauerrahm
½ EL	Harissapaste
	Salz
	Pfeffer

Zubereitung

Die Gurke streifig schälen. Die Melone halbieren, Melonenfleisch auslösen. Melone und Gurke in gleich große Stücke schneiden. Minze hacken und mit Öl, Essig, Sauerrahm und Harissapaste zu einem Dressing verrühren. Mit Salz und Pfeffer abschmecken. Melone und Gurke in einer Schüssel kurz vor dem Verzehr mit dem Dressing marinieren und in kleine Gläschen oder die Melonenhälften füllen.

Info: ***Harissa*** *ist eine ursprünglich aus dem Maghreb stammende scharfe Gewürzpaste. Sie besteht aus frischen Chilis, Kreuzkümmel, Koriandersamen, Knoblauch, Salz und Olivenöl. Man kann sie selbst zubereiten, es gibt sie aber auch in Feinkostläden und gut sortierten Supermärkten fertig zu kaufen.*

SIZILIANISCHES GEMÜSE

Zutaten

200 g	Auberginen
300 g	Cherry-Tomaten
400 g	Paprika
400 g	Zucchini
200 g	rote Zwiebeln
3 EL	Olivenöl
2 EL	dunkler Balsamico-Essig
1 EL	Zucker
	Salz
	Pfeffer
1	Knoblauchzehe
1 EL	Kapern
10	große Basilikumblätter
	Blattsalat als Dekoration

Zubereitung

Das Gemüse in gleich große Stücke schneiden und mit Olivenöl und Essig marinieren. Zucker, Salz und Pfeffer dazugeben. Auf einem Backblech verteilen und im Ofen 10 Minuten bei 180 °C grillen. Das Gemüse mit gehacktem Knoblauch, Kapern und gehacktem Basilikum vermengen und mindestens 4 Stunden (!) durchziehen lassen. Vor dem Anrichten mit Salz und Pfeffer abschmecken.

TOMATEN-BULGUR-SALAT AUS DEM LIBANON

Zutaten

50 g	Zwiebeln
3 EL	Olivenöl
1 TL	Kreuzkümmel
50 g	Bulgur
100 ml	Wasser
300 g	Romanatomaten
1 EL	Zitronensaft
1 EL	Minzblätter
½	Bund Glatte Petersilie
	Salz
	Pfeffer
	krause Petersilie zum Anrichten

Zubereitung

Gewürfelte Zwiebeln in Olivenöl andünsten. Kreuzkümmel und Bulgur hinzugeben und kurz mitrösten. Das Wasser hinzufügen und etwa 10 Minuten quellen lassen. Tomaten waschen, den Stielansatz entfernen und kreuzweise einritzen. 2 Minuten in kochendem Wasser blanchieren und kalt abschrecken. Haut abziehen und in kleine Würfel schneiden.

Tomaten, Zitronensaft, gehackte Minze, gehackte Petersilie untermischen. Mit Salz und Pfeffer abschmecken. Zwei Stunden ziehen lassen! Bei Bedarf mit Zitronensaft, Salz und Öl nachwürzen. Mit Petersilie dekorativ anrichten.

ZUCCHINI-KAROTTEN-RÖLLCHEN

Zutaten

300 g	Zucchini
300 g	Karotten

Für die Marinade:

20 g	getrocknete Mango
3 EL	Mango-Essig
3 EL	weißer Balsamico-Essig
1 TL	scharfer Senf
1 TL	Orangenschalenabrieb
1 TL	frische Thymianblättchen
1 TL	Honig
½ TL	Salz
100 ml	Olivenöl
	Thymianzweige als Dekoration

Zubereitung

Zucchini und Karotten längs in dünne Scheiben schneiden. Die Karotten im Dampfkorb oder Dämpfeinsatz etwa 15 Minuten dämpfen. Für die Marinade die getrockneten Mangos mit kochendem Wasser bedecken und 10 Minuten ziehen lassen. Die übrigen Zutaten mischen und zusammen mit den Mangos pürieren.

Je eine Scheibe Zucchini und Karotte übereinanderlegen, aufrollen und mit einem Zahnstocher fixieren. Die Spieße in eine Auflaufform stellen, mit Marinade übergießen und mindestens acht Stunden (!) durchziehen lassen. Die Angaben für die Marinade sind großzügig bemessen, weil die Röllchen gut bedeckt sein müssen.

Tipp: Die Marinade lässt sich auch als Salatdressing verwenden.

HÄHNCHENKEULE IN OLIVENÖL-ZITRONEN-THYMIAN-BEIZE

Zutaten

4 Hähnchenkeulen
Salz
2 Bio-Zitronen
10 Salbeiblätter

Für die Beize:
3 EL Olivenöl
2 EL frisch gepresster Zitronensaft
1 TL frischer Thymian
reichlich frisch gemahlener Pfeffer

Zubereitung

Für die Beize Olivenöl mit Zitronensaft und Thymian mischen, mit reichlich Pfeffer abschmecken. Die Hähnchenkeulen für mindestens 8 Stunden (!) in der Beize marinieren.

Anschließend Zitronen in Scheiben schneiden und eine Auflaufform damit auslegen. Die Salbeiblätter darüberstreuen. Die Keulen dicht nebeneinander auf die Zitronen legen und mit der restlichen Beize überträufeln und salzen. Bei 180 °C – je nach Größe der Keulen – 40 bis 50 Minuten mit Umluft backen.

Tipp: Dazu passt Bulgur oder Reis und ein Minz-Joghurt-Dip (Rezept siehe Seite 71).

NIEMAND ISST FÜR SICH ALLEIN

Lebensmittel sind zu einem globalen Handelsgut geworden. Und immer häufiger sind auch Ernährungsgüter, die hierzulande produziert werden, in weltumspannende Lieferketten eingebunden. Betrachten wir das Schicksal des globalen Huhns: Hühnchenfleisch erfreut sich wachsender Beliebtheit. Verzehrten die Deutschen Anfang der neunziger Jahre durchschnittlich noch acht Kilogramm Hühnchen im Jahr, sind es heute rund zwölf Kilogramm. Ermöglicht wurde dies auch durch die Industrialisierung der Hühnermast. In gigantischen Mastanlagen werden Berge an proteinreichem Kraftfutter eingesetzt. Zu einem Drittel handelt es sich dabei um Soja. Ein großer Teil davon kommt aus Südamerika. Eine Fläche von der Größe Mecklenburg-Vorpommerns wird allein dort in Anspruch genommen, um das Soja, das in Deutschland an Tiere verfüttert wird, anzubauen. Vielfach werden Regenwaldgebiete gerodet oder Kleinbauern von jenem Land vertrieben, das sie zur Selbstversorgung bewirtschaftet haben. Auf den Sojaplantagen

werden Pestizide eingesetzt, die Böden, Wasser und Menschen vergiften.

Das Hühnchen auf unserem Teller verdankt sich somit einer folgenreichen Produktionskette, die mehr als 10 000 Kilometer umfassen kann. Und sie endet nicht auf unserem Esstisch. Die Deutschen bevorzugen vielfach das Brustfilet und verschmähen Flügel und Hälse. Diese Hühnchenteile werden vor allem nach West- und Südafrika exportiert. Dort werden die in Europa ungeliebten tiefgekühlten Geflügelreste – oftmals mehrfach angetaut – auf den Märkten angeboten, zu niedrigen Preisen, mit denen die einheimischen Geflügelproduzenten nicht konkurrieren können. Viele Bauernfamilien haben dadurch ihre Einkommensquelle verloren.

Dem zarten Filet sieht man diese Geschichte, die die halbe Welt umspannt, nicht an. Aber die Konsequenzen sind für viele Menschen, die am Anfang und am Ende der Kette stehen, fatal. Und das gilt nicht nur für das Hühnerfleisch. Insgesamt werden für Ernährung und landwirtschaftliche Produktion in Deutschland riesige Flächen in anderen Ländern beansprucht. Diese virtuelle Landnahme wird auf mindestens 40 Prozent der Nutzfläche geschätzt, die wir in Deutschland selbst zur Verfügung haben. Der ökologische Fußabdruck unserer Ernährung ist also weitaus größer, als uns zusteht. Wir essen über unsere Verhältnisse. Der enorme Flächenverbrauch unserer Ernährung ist vor allem auf die Vorliebe für tierische Produkte zurückzuführen. Der Export von Fleisch und Milch, die mithilfe von eingeführten Futtermitteln erzeugt wurden, richtet wiederum Schaden an, wenn in armen Ländern die Märkte für einheimische Produzenten kaputt gemacht werden.

Wir essen nicht für uns allein. Unsere Art, uns zu ernähren, hat einen großen Einfluss darauf, ob andere anderswo sich auch ernähren können. Mit der Vaterunser-Bitte »Unser tägliches Brot gib uns heute« bitten wir nicht nur um das Essen für uns, sondern darum, dass sich alle Menschen keine Sorgen mehr um das tägliche Brot machen müssen. Das Recht auf Nahrung ist als Menschenrecht völkerrechtlich verankert. Und doch leiden noch immer 805 Millionen Menschen auf diesem an Nahrung so reichen Planeten Hunger. Jeder neunte Mensch hat nicht ausreichend zu essen, obwohl weltweit gesehen genügend Nahrungsmittel produziert werden, um alle Menschen ernähren zu können. Die Vereinten Nationen haben das Ziel ausgerufen, bis 2030 den Hunger auf der Welt vollständig überwinden zu wollen. Aber hier ist nicht nur die Politik zum Handeln aufgefordert. Auch die Verbraucher können Tag für Tag Verantwortung wahrnehmen. Wem die Geschichte der Lebensmittel, die wir verzehren, nicht einerlei ist, wer sich die Frage stellt, ob die Menschen, die an deren Erzeugung beteiligt waren, dafür fair entlohnt wurden, und wer bestrebt ist, den ökologischen Fußabdruck seines Ernährungsstiles zu verkleinern, ist schon auf einem guten Weg. *Dr. Klaus Seitz*

Dr. Klaus Seitz, *Jahrgang 1959, leitet die Abteilung Politik des evangelischen Entwicklungswerkes Brot für die Welt in Berlin. Der habilitierte Erziehungswissenschaftler, ursprünglich in Baden-Württemberg beheimatet, ist der Evangelischen Akademie Bad Boll schon seit seiner Schulzeit verbunden. Als 15-jähriger Schüler nahm er 1974 erstmals an einer entwicklungspolitischen Tagung in der Akademie teil und ist seitdem regelmäßiger Gast in Bad Boll – als Teilnehmer, Referent, Mitveranstalter oder Tagungsleiter.*

BLUMENKOHLCURRY MIT ERBSEN UND REIS

Zutaten	
500 g	Blumenkohl
250 g	Tomatenfruchtfleisch
1 EL	frischer Ingwer
1 Msp.	getrocknete rote Pfefferschote
1	Knoblauchzehe
40 g	Butter
½ TL	Salz
1 Msp.	Kurkuma
1 Msp.	Zimt
2 Msp.	Koriander
2 Msp.	Senfkörner
2 Msp.	Kreuzkümmel, ganz oder gemahlen
200 ml	Wasser
300 g	Erbsen
1 EL	Korianderblätter oder glatte Petersilie
200 g	Reis

Zubereitung

Blumenkohl in Röschen zerteilen. Die Tomaten waschen, Stielansatz entfernen und kreuzweise einritzen. 2 Minuten in kochendem Wasser blanchieren und kalt abschrecken. Haut abziehen, das Fruchtfleisch würfeln. Wer will, kann die Tomaten auch mit Haut in Stücke schneiden. Ingwer schälen und reiben, Pfefferschoten und Knoblauch hacken.

Butter erhitzen, Ingwer, Salz, Kurkuma, Pfefferschoten, Zimt, Koriander, Senfkörner, Kreuzkümmel und Knoblauch darin schmoren. Blumenkohl und Wasser zugeben, alles gut vermischen. Topf fest schließen und Blumenkohl etwa 8 bis 10 Minuten dünsten. In der Zwischenzeit den Reis in Salzwasser kochen. Erbsen und gehackte Koriander- oder Petersilienblätter zum Blumenkohl geben und weitere 5 Minuten köcheln. Kurz vor dem Servieren Tomaten zugeben und kurz mit erhitzen.

GEGRILLTE GLASIERTE SCHWEINERIPPCHEN MIT KARTOFFEL-ZITRONENSPIESSEN

Zutaten

1 kg	Schweinerippchen
½	Zwiebel
1 l	Fleischbrühe
2	Lorbeerblätter
10 g	Ingwer
3 EL	Sojasauce
3 EL	Reisessig
2 EL	Honig
3 EL	Sonnenblumenöl
	Salz

Für die Kartoffel-Zitronenspieße

800 g	kleine Kartoffeln
	Salz
2	Bio-Zitronen
8	frische Lorbeerblätter
8	Holzspieße
3 EL	Olivenöl

Zubereitung

Am Vortag die Rippchen in Fleischbrühe mit der Zwiebel und den Lorbeerblättern garen. Den Ingwer fein reiben, zusammen mit Sojasauce, Reisessig, 1 EL Honig, Öl und Salz pürieren. Schweinerippchen damit bestreichen und mindestens acht Stunden (!) marinieren.

Rippchen vor dem Grillen mit dem restlichen Honig bestreichen, dann 8 bis 10 Minuten auf dem Grill rösten.

Für die Kartoffel-Zitronenspieße die Kartoffeln in Salzwasser in etwa 10 bis 12 Minuten bissfest garen. Zitronen achteln. Abgekühlte Kartoffeln, Zitronen und Lorbeerblätter aufspießen und mit Olivenöl bepinseln. Auf einen nicht zu heißen Grill legen, bis die Kartoffeln leicht gebräunt sind, dabei immer wieder drehen und frisch mit Olivenöl bepinseln.

Tipp: Dazu passt ein Minz-Joghurt-Dip (Rezept siehe Seite 71).

PAPRIKA MIT QUINOA-FÜLLUNG UND MINZ-JOGHURT-DIP

Zutaten

4	rote, grüne oder gelbe Paprika
80 g	Gouda

Für die Füllung:

250 g	Quinoa
½ l	Wasser
80 g	Quark
120 g	Schafskäse
2	Eier
1 EL	Olivenöl
	Salz
	Pfeffer
	Kräuter der Provence

Für den Minz-Joghurt-Dip:

3 EL	Schlagsahne
150 g	stichfester Joghurt mit 3,5 % Fett
8	Blättchen frische Minze
1 EL	Zitronensaft
½ TL	Zitronenabrieb
½	Knoblauchzehe
	Salz
	weißer Pfeffer

Zubereitung

Quinoa mit kaltem Wasser in der Pfanne aufsetzen, zum Kochen bringen und bei geringer Hitze für 20 Minuten ausquellen lassen. Masse etwas abkühlen lassen. Quark und Schafskäse, Eier und Olivenöl zur Quinoa-Masse geben. Alles gut verkneten und mit Salz, Pfeffer und Kräutern der Provence abschmecken. Paprika so halbieren, dass der Strunk an beiden Hälften erhalten bleibt. Beide Hälften aushöhlen. Die Quinoa-Masse in die Paprika einfüllen und auf ein gefettetes Backblech setzen. 10 Minuten bei 150 °C Umluft garen. Käse reiben und darüberstreuen und weitere 15 Minuten backen.

Für den Minz-Joghurt-Dip die Sahne leicht anschlagen. Mit Joghurt, fein geschnittener Minze, Zitronensaft und -abrieb verrühren. Gehackten Knoblauch unterrühren, Dip mit Salz und Pfeffer abschmecken.

Info: ***Quinoa*** *(siehe Seite 42).*

SÜDAFRIKANISCHES PUTENCURRY MIT REIS

Zutaten

3	große Zwiebeln
3 EL	Öl
600 g	Putengeschnetzeltes
2	Knoblauchzehen
1 TL	Kurkuma
1 EL	Garam masala
1 Msp.	gemahlene Nelken
3 Msp.	Zimt
½ TL	Koriander
1 Msp.	Chilipulver
2 EL	Gemüsebrühe
400 g	Tomaten
½ l	Kokosmilch
200 g	Reis

Zubereitung

Zwiebeln fein hacken und in Öl anbraten. Fleisch zugeben und mitbraten. Den austretenden Fleischsaft abgießen und auffangen. Das Fleisch soll nicht braun gebraten werden. Den Knoblauch hacken und mit Kurkuma, Garam masala, Nelken, Zimt, Koriander, Chilipulver und Gemüsebrühe mischen. Gewürze kurz mit dem Fleisch schmoren. Die Tomaten würfeln und mit der Kokosmilch und dem aufgefangenen Fleischsaft zugeben, nochmals abschmecken. Reis in Salzwasser kochen.

AUBERGINEN-TOMATEN-SCHAFSKÄSEGRATIN

Zutaten

1 kg	Auberginen
120 ml	Olivenöl
	Saft von 1 Zitrone
	Salz
	frisch gemahlenen Pfeffer
600 g	Tomaten
400 g	Schafskäse
1 EL	getrockneter Oregano
50 g	Semmelbrösel

Zubereitung

Die Auberginen quer in 1,5 cm dicke Scheiben schneiden, kurz in Olivenöl tauchen und auf ein Backblech legen. Bei 180 °C etwa 8 Minuten mit Umluft backen. Die noch heißen Scheiben mit Zitronensaft bepinseln und mit Salz und Pfeffer bestreuen. Anschließend schuppenförmig in eine gefettete Auflaufform schichten. Tomaten in Scheiben schneiden und auf die Auberginen legen. Gewürfelten Schafskäse auf die Tomaten verteilen, Oregano darüberstreuen. Die Semmelbrösel mit wenig Olivenöl anfeuchten (sie müssen noch krümelig sein), darübergeben. Für 20 Minuten bei 160 °C mit Umluft backen.

Tipp: Dazu in Scheiben geschnittenes Baguette reichen.

GEMÜSE-PAKORA

Zutaten	
300 g	Kichererbsenmehl
180 ml	Wasser
1 Msp.	Korianderpulver
½ TL	Kreuzkümmel
1 Msp.	Chili
	Salz
	Pfeffer
1 kg	verschiedene Gemüse der Saison: Brokkoli oder Blumenkohl, Champignons, Zucchini, Kohlrabi, Karotten
	Bratöl zum Ausbacken
	Blüten zur Dekoration

Zubereitung

Das Kichererbsenmehl mit Wasser und den Gewürzen zu einem zähen Teig kneten. Das Wasser in kleinen Mengen hinzugeben, damit der Teig nicht zu dünn wird. Das Gemüse in gleich große Stücke, Scheiben oder Röschen schneiden. Harte Gemüsesorten wie Brokkoli, Karotten und Kohlrabi im Dampfkorb oder im Dämpfereinsatz über kochendem Wasser einige Minuten vordämpfen. Bratöl in einem Topf erhitzen, das Gemüse in den Teig tauchen und im Fett schwimmend goldgelb ausbacken. Frittiertes Gemüse abtropfen lassen und in eine Auflaufform legen. Bei 100 °C Umluft im Ofen warm halten.

Tipp: Dazu passt ein Minz-Joghurt-Dip (Rezept siehe Seite 71).

Info: ***Kichererbsenmehl*** *wird aus geschälten Kichererbsen hergestellt. Kichererbsen haben eine haselnussähnliche Form und sind hellgelb und leicht nussig im Geschmack.*

BULGUR-GRATIN MIT SCHAFSKÄSE

Zutaten

3	kleine Zwiebeln
1	Knoblauchzehe
1	rote oder grüne Chilischote
4 EL	Olivenöl
250 g	Bulgur
½ l	kräftige Gemüsebrühe
100 g	Datteln
150 g	rote Spitzpaprika
150 g	Tomaten
50 g	gehackte Mandeln
½	Bund glatte Petersilie
2 EL	frisch gepresster Zitronensaft
1 TL	Harissa
	Salz
	Pfeffer
300 g	cremiger Schafskäse

Zubereitung

Zwiebeln, Knoblauch und Chili fein hacken und in 2 EL Olivenöl glasig dünsten. Bulgur hinzugeben und kurz mitdünsten. Anschließend den Topf mit Gemüsebrühe auffüllen und den Bulgur darin in etwa 15 Minuten bissfest garen.

Datteln in Stücke zerteilen, Paprika in feine Ringe schneiden, Tomaten würfeln und gehackte Mandeln in der Pfanne leicht anrösten. Petersilie hacken, Zitrone auspressen. Datteln, Paprika, Tomaten, Mandeln, Petersilie, Zitronensaft mit der Harissapaste vorsichtig unter den Bulgur heben. Mit Salz und Pfeffer würzen. Masse in eine gefettete Auflaufform füllen. Schafskäse würfeln oder in große Dreiecke schneiden und darüber verteilen. Das Gratin mit 2 EL Olivenöl beträufeln und 25 Minuten bei 160 °C Umluft backen.

Info: ***Harissa*** *(siehe Seite 59).*

BUNTE BOHNENPFANNE MIT SALZKARTOFFELN

Zutaten

800 g	Stangenbohnen
150 g	Karotten
1	große rote Zwiebel
100 ml	Olivenöl
1	Knoblauchzehe
150 g	Kidneybohnen
150 g	dicke weiße Bohnen
	Bohnenkraut
800 g	Salzkartoffeln
	Salz
	Pfeffer
	Oliven und Tomaten nach Geschmack

Zubereitung

Stangenbohnen putzen und in etwa 5 cm lange Stücke schneiden, Karotten schälen, in dicke, schräge Scheiben schneiden. Bohnen etwa 10 Minuten in Salzwasser köcheln, dann herausnehmen und kalt abschrecken. Karotten 10 bis 15 Minuten kochen oder dämpfen.

Zwiebel würfeln und im Olivenöl glasig dünsten, Knoblauch durch die Presse dazugeben, Karottenscheiben mit den grünen Bohnen darin schwenken, mit Salz und Pfeffer würzen, die Kidneybohnen, weiße Bohnen und abgezupftes Bohnenkraut dazugeben, alles gut vermischen und erhitzen. Die Kartoffeln achteln und in Salzwasser kochen. Nach Wunsch Oliven und Tomatenwürfel unter die Bohnen heben, in einer vorgewärmten Schüssel anrichten und zu den abgegossenen Kartoffeln servieren.

FRANZÖSISCHER ZIEGENKÄSE AUF EXOTISCHEM TOMATENBETT

Zutaten

3 EL	Pinienkerne
1 EL	abgeriebene Bio-Orangenschale
100 ml	frisch gepresster Orangensaft
20 g	Rosinen
1 EL	Honig
½ TL	Kräutersalz
1 Msp.	Pfeffer
2 EL	Olivenöl
1	Bund Frühlingszwiebeln
800 g	kleine Rispentomaten
4	Ziegenfrischkäse à 40 g
3	Stängel Basilikum

Zubereitung

Pinienkerne in der Pfanne ohne Öl anrösten. Geriebene Orangenschale mit Orangensaft, Rosinen, Honig, Salz und Pfeffer zu den Pinienkernen geben. Kurz aufkochen lassen und zur Seite stellen. In der Pfanne Olivenöl erhitzen. Frühlingszwiebeln in schräge, etwa 3 cm breite Stücke schneiden. Die Zwiebeln anbraten und die ganzen Tomaten hinzugeben. So lange bei milder Hitze in der Pfanne bewegen, bis die Tomaten durchgewärmt sind und die Haut aufplatzt. Die Saftmischung dazugeben und abschmecken. Das Tomatengemüse in eine Auflaufform füllen, Ziegenkäse darüberlegen und mit Basilikumblättern bestreuen. Das Gericht lauwarm servieren.

Tipp: Dazu passt Baguette.

GÄRTNEREI FRANK

»Wir sind Überzeugungstäter«, sagt Manfred Frank und schmunzelt. Respekt vor Lebensmitteln und deren Produktion hat in der Familie Tradition. Seit 1984 leitet der Gärtnermeister in vierter Generation gemeinsam mit seiner Frau Irene, Meisterin der ländlichen Hauswirtschaft, die Gärtnerei in Bad Boll.

Von A wie Artischocke bis Z wie Zwiebel: Über 50 verschiedene Arten von Gemüse, Salaten und Spezialitäten aus eigener Erzeugung, wie auch Jungpflanzen und Blumen, werden in der »Kleinen Markthalle« und auf dem Boller Bauernmarkt direkt an die Verbraucher verkauft und an einige regionale Großküchen wie die der Evangelischen Akademie Bad Boll.

»Neues schaffen, Bewährtes erhalten, Fortschritt wagen«, so lautet die Maxime des Familienbetriebs. Obwohl Manfred Frank in seiner Ausbildung den traditionellen Gartenbau erlernte, stand für ihn früh fest, dass er seine Lebensmittel nachhaltig und schonend produzieren will.

Der Betrieb setzt auf bodenschonende Misch- statt auf Monokulturen und auf eine konsequente Humuswirtschaft, um die gute Bodenqualität zu erhalten und zu verbessern. Brachflächen helfen dem Boden bei der Regeneration. Fruchtfolgen vermindern den Schädlingsbefall, Dauergrünstreifen fördern Flora und Fauna.

Seit Betriebsgründung kommt bei der Gärtnerei Frank vom Substrat bis zum Endprodukt alles aus einer Hand. Beikräuter werden thermisch und mechanisch reguliert, wodurch auf den Einsatz der chemischen Unkrautvernichtung verzichtet werden kann. Dies wirkt sich positiv auf das Wachstum der Nutzpflanzen aus. Bei den Reststoffen setzt der Familienbetrieb auf einen geschlossenen Wirtschaftskreislauf. Pflanzliche Abfälle werden kompostiert, die Auslieferung der Ware erfolgt nachhaltig in Pfandkisten, Großkisten für die Ernte auf dem Feld stammen von heimischem Holz.

»Verantwortungsbewusst und nachhaltig produzieren? Der einzig richtige Weg«, ist Manfred Frank überzeugt. »Man muss es nur wollen.« Beim Einkauf in der »Kleinen Markthalle« können die Verbraucher die Produkte dort erwerben, wo sie gewachsen sind.

Gärtnerei Frank
Die Kleine Markthalle
Dobelstraße 4
74087 Bad Boll
Telefon (0 71 64) 74 60

Öffnungszeiten »Kleine Markthalle«:
Montag–Samstag 8–12.30 Uhr
Montag, Dienstag, Donnerstag, Freitag 14.30–18 Uhr

Ab Mitte Juni bis Mitte November jeden Donnerstag von 15.30–17.30 Uhr auf dem Bauernmarkt neben dem Rathaus in Bad Boll.

BROMBEER-TIRAMISU

Zutaten

100 ml	Apfelsaft
2 TL	Vanillezucker
1 TL	Maisstärke
200 g	Brombeeren
100 g	Schlagsahne
100 g	Mascarpone
100 g	Quark
100 g	Joghurt
2 EL	Zucker
	Löffelbiskuits
	Minzblätter für die Dekoration

Zubereitung

Apfelsaft mit 1 TL Vanillezucker aufkochen, mit Maisstärke abbinden. 150 g Beeren dazugeben, kurz aufkochen lassen und Masse abkühlen lassen.

Sahne steif schlagen, etwas zur Garnitur abnehmen, Mascarpone, Quark, Joghurt, Zucker und 1 TL Vanillezucker dazurühren, abschmecken.

Den Boden einer Form oder dekorative Gläser mit einem Drittel der Creme befüllen, Löffelbiskuits oder -stücke auflegen, Beerengrütze darauf verteilen, restliche Creme darübergeben. Mit Löffelbiskuitstücken, der restlichen Sahne, den Minzblättern und Brombeeren garnieren.

Tipp: Kann gut am Vortag zubereitet werden.

CASSISCREME

Zutaten	
150 ml	Schlagsahne
4 EL	Fruchtmark von schwarzer Johannisbeere
250 g	Joghurt
2 EL	Zucker
1 TL	Zitronensaft
3	Blatt weiße Gelatine oder als vegetarische Variante Agar-Agar nach Packungsanleitung
	evtl. Minzblättchen

Zubereitung

Die Sahne steif schlagen und etwas für die Garnitur beiseitestellen. Fruchtmark, Joghurt, Zucker und Zitronensaft verrühren, aufgelöste Gelatine oder Agar-Agar hinzufügen. Sobald die Masse zu gelieren beginnt, die geschlagene Sahne unterziehen. In Gläser portionieren oder in eine Schüssel füllen. Mit Sahnetupfen und Minzblättchen garnieren.

Info: ***Agar-Agar*** *(siehe Seite 46).*

KIRSCHAUFLAUF

Zutaten

300 ml	Milch
1 Msp.	Zimt
1	Prise Salz
2 TL	Zitronenabrieb
70 g	Hartweizengrieß
3 EL	Zucker
2	Eigelb
20 g	gemahlene Mandeln oder Haselnüsse
2 Msp.	Backpulver
2	Eiweiß
300 g	entsteinte Kirschen

Zubereitung

Die Milch mit Zimt, Salz und Zitronenabrieb zum Kochen bringen. Den Grieß in die kochende Milch einrühren, für etwa 20 Minuten quellen, dann auskühlen lassen. Zucker und Eigelb zu einer weißen Schaummasse verrühren. Mandeln und Backpulver dazugeben. Nun den Grießbrei unterrühren. Die Eiweiß steif schlagen und zusammen mit den entsteinten Kirschen unter die Masse heben. Den Auflauf in eine Form füllen und bei 150 °C Umluft für 30 bis 40 Minuten auf der mittleren Schiene backen.

Tipp: Lauwarm mit Vanillesauce (siehe Rezept Seite 53) servieren.

HIMBEERJOGHURTCREME

Zutaten	
150 ml	Schlagsahne
200 g	Joghurt
2 EL	Zucker
1 TL	Zitronensaft
3	Blätter weiße Gelatine oder als vegetarische Variante Agar-Agar nach Packungsanleitung
150 g	Himbeeren
	Minzblätter zur Dekoration

Zubereitung

Die Sahne schlagen und etwas für die Garnitur beiseitestellen. Joghurt, Zucker und Zitronensaft verrühren. Agar-Agar oder aufgelöste Gelatine unterrühren. Sobald die Masse geliert, die geschlagene Sahne unterziehen. Die Himbeeren vorsichtig unterheben. Mit der restlichen Sahne, Himbeeren und den Minzblättern garnieren.

Info: ***Agar-Agar*** *(siehe Seite 46).*

HERBST

KÜRBISCREME MIT ZIEGENKÄSE

Zutaten		Zubereitung
200 g	Hokkaido-Kürbis	Kürbis grob raspeln oder fein würfeln. Den Apfelsaft mit Apfelessig, Zucker, Salz, Pfeffer und dem Sternanis aufkochen. Den Kürbis zugeben und bissfest garen. Nun den Sternanis entfernen und die Masse pürieren. Die fein geschnittene Chilischote hinzugeben. Die Masse nochmals abschmecken, gegebenenfalls mit Salz und Pfeffer nachwürzen und abkühlen lassen. Anschließend in eine Schüssel füllen und die gehackte Petersilie, Frischkäsestücke und Kürbiskerne darüberstreuen.
80 ml	Apfelsaft	
1 EL	Apfelessig	
1 TL	Zucker	
1 Msp.	Salz	
1 Msp.	frisch gemahlener Pfeffer	
1	Sternanis	
½	Chilischote je nach Schärfe	
2	EL Frischkäse	
100 g	Ziegenfrischkäse	
½	Bund glatte Petersilie	
	Kürbiskerne als Dekoration	

FRISÉESALAT MIT BIRNEN UND WALNÜSSEN

Zutaten

2 reife Birnen
200 g Frisée-Salat
2 EL Walnüsse

Für das Dressing:
1 EL weißer Balsamico-Essig
1 EL Olivenöl
1 EL Wasser
1 Msp. Salz
1 TL Honig
1 TL Dijon-Senf

Zubereitung

Für das Dressing Essig, Öl, Wasser, Salz, Honig und Senf vermischen. Die Birnen in feine Spalten schneiden und in die Marinade geben. Den Friséesalat in mundgerechte Stücke schneiden. Die Walnüsse grob hacken und in einer Pfanne ohne Öl anrösten. Etwa 15 Minuten vor dem Servieren die Birnen aus der Marinade nehmen, restliche Marinade über den Salat geben und auf einer Platte verteilen. Die Walnüsse und die Birnenspalten auf dem Salat verteilen.

GLASNUDEL-SPINAT-SALAT MIT CURRYPILZEN

Zutaten

50 g Glasnudeln
1 Msp. Salz
100 g frischer Spinat

Für die Marinade:
2 EL Sesam
½ Knoblauchzehe
1 EL Sonnenblumenöl
1 EL Sesamöl
2 EL Sojasauce
1 EL weißer Balsamico-Essig
½ TL Currypulver
½ TL Kräutersalz

Für die Curry-Pilze:
600 g mittelgroße weiße Champignons
2 EL weißer Balsamico-Essig
3 EL Sonnenblumenöl
1 TL Kräutersalz
2 Msp. Currypulver
½ TL getrockneten Thymian
Salz

Zubereitung

Die Glasnudeln mit kochendem Wasser überbrühen und 3 Minuten ziehen lassen. Spinat zugeben, weitere 3 Minuten ziehen lassen. Wasser abgießen, Nudeln und Spinat kalt abschrecken. Nudeln (und Spinat) mit einer Schere etwas zerkleinern.

Für die Marinade den Sesam in einer Pfanne ohne Öl anrösten und den Knoblauch hacken. Anschließend mit den Ölen, der Sojasauce, dem Essig, dem Currypulver und dem Salz verrühren und über die noch warmen Nudeln geben. Den Salat für mindestens 12 Stunden (!) durchziehen lassen.

Für die Currypilze Balsamico-Essig, Sonnenblumenöl, Kräutersalz, Currypulver, Thymian und Salz zu einer Marinade mischen. Geputzte Champignons vorsichtig mit der Marinade vermischen. Auf ein Backblech legen und 12 Minuten bei 150 °C Umluft backen. Bei Bedarf mit Salz und Essig nachwürzen.

Den Salat auf einer Platte anrichten und die Curry-Pilze darüberstreuen.

Tipp: Für festliche Anlässe den Glasnudelsalat mit einer Gabel zu Nestern aufwickeln. Die Nester auf eine geölte und mit Sesam bestreute Platte setzen. Einen Currypilz obenauf setzen.

KÜRBIS-APFEL-SUPPE

Zutaten	
400 g	Hokkaido-Kürbis
150 g	Apfel
2	kleine Zwiebeln
20 g	Butter
1 TL	Zucker
1 Msp.	Salz
1 Msp.	Pfeffer
1 EL	weißer Balsamico-Essig
½ l	Gemüsebrühe
3	Stängel Basilikum
evtl. 2 EL	Kürbiskernöl
100 g	Kräutercroutons
	Kürbiskerne und Petersilie für die Dekoration

Zubereitung

Kürbis und Apfel in feine Scheiben schneiden, die Zwiebeln hacken. In einer Pfanne zunächst die Zwiebel mit Butter andünsten. Anschließend Kürbis, Apfel und Zucker mitdünsten, mit Salz und Pfeffer würzen. Essig und Gemüsebrühe zugießen, die Zutaten 20 Minuten köcheln lassen. Anschließend fein pürieren, eventuell nachwürzen. Basilikum in feine Streifen schneiden und unterziehen. Die Suppe lässt sich noch mit Kürbiskernöl und Kräutercroutons verfeinern.

KNUSPEROLIVEN

Zutaten

200 g	entsteinte Oliven, evtl. gefüllt
	Für den Käsemürbteig:
125 g	Gouda
125 g	Parmesan
150 g	Mehl
150 g	Butter
1	Prise Salz

Zubereitung

Gouda und Parmesan reiben. Zusammen mit Mehl, Butter und Salz zu einem Käsemürbteig kneten, eine Rolle mit 3 cm Durchmesser formen. Die Rolle in Folie wickeln und mindestens eine Stunde kühl stellen. Anschließend in 1 cm dicke Scheiben schneiden. In jede Scheibe eine Olive drücken. Den Teig um die Olive hüllen und zu einer Kugel formen. Auf einem Backblech bei 190 °C Umluft etwa 12 Minuten backen.

Tipp: Dieses Rezept ergibt gut 20 Knusperoliven.

KÜRBIS-CARPACCIO MIT RACLETTEKARTOFFELN

Zutaten

200 g Kürbis (möglichst Muscat de Provence)
1 EL Kürbiskerne
150 g Rucola
50 g Parmesan

Für das Dressing:

1 Knoblauchzehe
2 EL Olivenöl
2 EL Kürbiskernöl
4 EL weißer Balsamico-Essig
1 TL Kräutersalz
Pfeffer aus der Mühle

Für die Raclettekartoffeln:

800 g Kartoffeln (vorwiegend festkochend)
80 g Gouda
150 g Mascarpone
75 g Sauerrahm
1 TL Senf
1 TL Majoran
Salz und Pfeffer zum Abschmecken
2 EL geriebener Käse

Zubereitung

Für das Dressing den Knoblauch fein hacken und mit den Ölen, dem Essig, Salz und Pfeffer verrühren. Den Kürbis in feine Scheiben schneiden. Die Kürbiskerne ohne Öl in der Pfanne rösten.

Den Parmesan hobeln. Kürbis mit dem Dressing marinieren und mindestens 8 Stunden (!) ziehen lassen.

Rucola in Stücke schneiden und auf einer Platte verteilen. Das Kürbis-Carpaccio in Bahnen auf den Rucola geben und mit Parmesan und Kürbiskernen bestreuen. Restliches Dressing darüberträufeln.

Für die Raclettekartoffeln die Kartoffeln in Salzwasser kochen, schälen und der Länge nach halbieren. Mit der Schnittfläche nach unten in eine gefettete Auflaufform setzen. Für die Käsecreme den Gouda reiben, mit dem Mascarpone und dem Sauerrahm verrühren und mit Senf, Majoran, Salz und Pfeffer würzen. Die Masse über die Kartoffeln streichen. Mit dem geriebenen Käse bestreuen und die Raclettekartoffeln bei 160 °C Umluft 30 Minuten backen.

GUTES LEBEN UND GUTES ESSEN GEHÖREN ZUSAMMEN

Mit dem Essen ist es für viele Menschen wie mit dem Strom aus der Steckdose: Beide sind immer verfügbar und leicht zu bekommen. Aber woher die Nahrung kommt und welche Auswirkungen ihre Produktion auf Umwelt und Naturschutz haben, weiß man nicht so genau, interessiert im Zweifelsfall auch nicht wirklich – Hauptsache, das Essen steht auf dem Tisch. Dabei ist der bewusste Umgang mit Nahrung eine wunderbare Sache, verbunden mit viel Genuss und dem Verstehen von wichtigen Zusammenhängen in der Natur.

Regional, saisonal, bäuerlich und ökologisch lauten die Grundprinzipien guten Essens. Wer sich mit regionalen Lebensmitteln versorgt, stärkt die bäuerliche Landwirtschaft vor Ort. Wer saisonal einkauft, spart lange Transportwege aus fernen Ländern und verhindert den dortigen Raubbau. Wer die bäuerliche und ökologische Landwirtschaft bei uns unterstützt, setzt sich aktiv gegen die agrarindustrielle Zerstörung unserer Landschaft und unserer Böden ein.

Gutes Essen verbindet Lebensfreude und Genuss mit Natur- und Umweltschutz. Es ist doch viel schöner auf dem Wochenmarkt einzukaufen, als bei Kunstlicht, schlechter Luft und Musikgedudel durch die Regale des Discounters zu hetzen. Man müsste es zum Pflichtbestandteil des Unterrichts machen, mit Kindern auf

Wochenmärkte zu gehen und ihnen beizubringen, welche Gemüsesorten es gibt, wie sie aussehen, riechen und schmecken. Denn auch für das Essen gilt: Nur was man kennt, kann man auch nachfragen.

In der BUND-Studie »Zukunftsfähiges Deutschland in einer globalisierten Welt« wird der Zusammenhang zwischen unserer Ernährung, unserer Gesundheit, dem Umwelt- und Naturschutz bei uns und weltweit beschrieben. Wenn wir unseren Fleischkonsum von durchschnittlich 1200 Gramm pro Woche etwas mehr als halbieren, dann werden fünf Millionen Hektar landwirtschaftliche Fläche in Deutschland frei für den ökologischen Landbau. Alle Futtermittel können im Inland angebaut werden und wegen unseres Fleischkonsums müssen keine Urwälder abgeholzt werden. Der Import gentechnisch veränderten Sojas entfällt. Darüber hinaus nehmen wir nur noch so viel Fleisch zu uns, wie es die Weltgesundheitsorganisation als gesundheitsfördernd bezeichnet. Was für eine Win-win-Situation: Wir ernähren uns gesund, tragen zum Erhalt der Urwälder bei, schützen unsere Böden, vermeiden lange Transportwege und betreiben damit Klimaschutz.

Unsere Entscheidung für das, was wir essen, ist immer auch eine Entscheidung über den Umgang mit unserer Umwelt, unserer Landschaft, den Pflanzen und Tieren. Wenn wir uns ökologisch und nachhaltig ernähren, dann entscheiden wir uns auch für mehr Naturschutz und Lebensraumvielfalt in unserem Land. Eine pestizidfreie Landwirtschaft führt wieder zu blühenden Wiesen, Ackerrainen und Waldrändern. Bienen müssen dann nicht mehr im Sommer nach dem Ende der Obstbaum- und Rapsblüte in der industriellen Agrarlandschaft verhungern oder an den Rand der Stadt transportiert werden, um hoffentlich in blühenden Hausgärten, auf Balkonen und in den Grünanlagen Nahrung zu finden. Wer glaubt, hier handelt es sich um eine Marginalie, der irrt. Die globale Bestäubungsleistung von Bienen und Wildbienen wird auf rund 300 Milliarden Dollar geschätzt. Zudem gehören sie zu den wichtigsten Bestäubern und haben damit direkten Einfluss auf die Produktion unserer Nahrungsmittel. Es spricht also alles dafür, ökologisch produzierte Lebensmittel zu essen, denn nur so verhindern wir den Einsatz von Pestiziden, den Rückgang der blühenden Pflanzen in unserer Landschaft und das Sterben der Bienen bei uns und weltweit.

Gutes Leben und gutes Essen gehören zusammen. Gutes Essen, ökologisch produziert, regional angebaut und saisonal genossen, ist ein wesentlicher Teil von Nachhaltigkeit. Gutes Essen gehört zur Suffizienz, sprich Genügsamkeit, ohne die Nachhaltigkeit nicht möglich ist. Und was gibt es Schöneres, als genussvoll und mit Freude einen wesentlichen Beitrag zur Nachhaltigkeit und zum Umwelt- und Naturschutz zu leisten.

Dr. Brigitte Dahlbender

Dr. Brigitte Dahlbender *ist seit 1997 baden-württembergische Landesvorsitzende des Bundes für Umwelt und Naturschutz Deutschland (BUND). Die promovierte Biologin, Geografin und Mediatorin ist seit 20 Jahren durch gemeinsame Veranstaltungen von BUND und Akademie eng mit Bad Boll verbunden: von den Sitzungen des Arbeitskreises Wirtschaft und Finanzen über die Fachtagungen des Landesverbands Baden-Württemberg bis hin zu den jährlichen Landesdelegiertenversammlungen.*

GRATINIERTE ROTE BETE MIT SCHAFSKÄSEFÜLLUNG

Zutaten	
4	mittelgroße Rote-Bete-Knollen
	Salz
	Pfeffer
	Für die Füllung:
120 g	Feta
½	Knoblauchzehe
1	Eigelb
2 EL	glatte Petersilie
1 Prise	Zimt
1 EL	Crème fraîche
½ TL	Zitronenabrieb
2 EL	Quark

Zubereitung

Die Rote Bete garen und schälen. Knollen quer halbieren und etwas Gemüsefleisch unten abschneiden, damit die Hälften stehen bleiben. Mit einem Teelöffel oder Melonenstecher etwas Gemüsefleisch herausschälen. Die Knollen von außen mit Salz und Pfeffer bestreuen. Für die Füllung den Feta zerbröckeln, Knoblauch fein hacken und beides mit Eigelb und gehackter Petersilie mischen. Die Masse mit Zimt, Crème fraîche, Zitronenabrieb und dem Quark verrühren. Mit einem Löffel in die Rote-Bete-Knollen geben. Im Ofen für 20 Minuten bei 140 °C Ober-/Unterhitze gratinieren.

Tipp: Dazu passt Baguette und ein Minz-Joghurt-Dip (Rezept siehe Seite 71).

Info: *Rote Bete ist mit der Zuckerrübe und dem Mangold verwandt. Sie stammt ursprünglich wahrscheinlich aus Nordafrika und kam mit den Römern nach Mitteleuropa. Die rote Farbe ist ein Resultat der Weiterveredelung der wilden Rübe im 19. und 20. Jahrhundert.*

GEMÜSEAUFLAUF MIT KÄSEPOLENTA

Zutaten

160 g	Zucchini
160 g	rote Paprika
160 g	Hokkaido-Kürbis
160 g	Champignons
½ EL	Salz
½ TL	Rosmarin
2 EL	Öl
60 g	Polenta
300 ml	Gemüsebrühe
50 g	Gouda oder Gratinkäse
1	Ei

Zubereitung

Gemüse putzen. Zucchini in 0,5 cm dünne Scheiben schneiden, Paprika in etwa 3 mal 3 cm große Stücke schneiden. Hokkaido halbieren und in dünne Spalten schneiden, Champignons in 0,5 cm dünne Scheiben schneiden. Gemüse mit Salz, Rosmarin und Öl würzen. Auf einem gefetteten Backblech im vorgeheizten Ofen 7 Minuten grillen oder bei 180 °C Heißluft für etwa 10 Minuten backen.

Polenta nach Packungsanleitung in der Gemüsebrühe kochen, abkühlen lassen. Käse reiben und mit dem Ei unter die Polenta rühren.

Gemüse in eine gefettete Auflaufform füllen, Polentamasse darüber verteilen. Im vorgeheizten Backofen bei Umluft 170 °C 40 Minuten backen.

ALBLINSENGRATIN MIT ZIEGENFRISCHKÄSE

Zutaten

250 g	Alb- oder Tecklinsen
3	kleine Zwiebeln
200 g	Lauch
100 g	Karotten
20 g	Butter
150 g	Crème fraîche
150 g	Ziegenfrischkäse
	Salz
	Pfeffer
2 EL	Sonnenblumenkerne oder gehackte Walnüsse

Zubereitung

Linsen für 2 Stunden in kaltem Wasser einweichen, die Flüssigkeit anschließend zum Kochen bringen. Bei schwacher Hitze zugedeckt 10 Minuten weich kochen und abtropfen lassen.

Zwiebeln fein würfeln, Lauch längs halbieren. Den hellgrünen und weißen Teil in feine Streifen schneiden. Karotten schälen und raspeln. Butter erhitzen, Zwiebeln darin glasig dünsten. Anschließend Lauch und Karotten zugeben und alles dünsten. Die Linsen, die Crème fraîche und ein Drittel des Ziegenfrischkäses zugeben, mit Salz und Pfeffer abschmecken.

Die Masse in eine gefettete Auflaufform füllen. Den restlichen Ziegenfrischkäse auf die Masse geben, die Sonnenblumenkerne darüberstreuen und etwa 30 Minuten bei 160 °C mit Ober-/Unterhitze backen.

Info: *Bis in die 1950er-Jahre war die Schwäbische Alb und angrenzende Gebiete ein Schwerpunkt im deutschen Linsenanbau. Da sich der Anbau der* ***Alblinsen*** *(Albleisa) nicht mehr lohnte, wurde die Produktion für mehrere Jahrzehnte eingestellt. Erst 1985 nahm der Biohof Mammel die Tradition des Linsenanbaus in Lauterbach wieder auf. Die Nachfrage war so groß, dass 2001 die Öko-Erzeugergemeinschaft »Alb-Leisa« gegründet wurde, der mittlerweile über 50 Anbaubetriebe angehören. Diese bauen verschiedene alte Linsensorten des Züchters Fritz Späth an. Die Gemeinschaft beliefert in Baden-Württemberg etwa 100 gastronomische Betriebe und über 300 Bioläden. In der Teckregion baut der Biolandhof Gruel seit 2013 wieder Linsen an* *(siehe Porträt Seite 115).*

SCHARFES GNOCCHIGRATIN MIT LAUCH

Zutaten

500 g	Gnocchi
250 g	Lauch
2 EL	Butter oder Öl
250 ml	Gemüsebrühe
2 EL	Ajvar
100 ml	Schlagsahne
1 TL	Sambal Oelek
1 Msp.	Chili
	Salz
100 g	Hartkäse

Zubereitung

Die Gnocchi nach Packungsanleitung garen. Lauch in Streifen schneiden und in Butter oder Öl andünsten. Anschließend mit den Gnocchi mischen und in eine Auflaufform füllen. Gemüsebrühe mit Ajvar und Sahne kurz aufkochen lassen. Die Sauce mit Sambal Oelek, Chili, Salz abschmecken und zwischen die Gnocchi gießen. Hartkäse reiben und darüberstreuen. Im Backofen bei 160 °C Umluft 30 Minuten überbacken.

Info: ***Sambal Oelek*** *ist eine scharfe indonesische Würzsauce, die aus rohen, zerkleinerten roten Chilischoten, Salz und Essig besteht. Das indonesische Wort »ulek« bezeichnet eine Art Stößel, mit dem die Zutaten im Mörser zerkleinert werden.*

Ajvar *ist ein so genannter Gemüsekaviar – ein Mus aus Paprika oder aus Paprika und Auberginen. Es wird kalt zu Fleischgerichten gereicht oder als Würzmittel und Brotaufstrich eingesetzt.*

BALSAMICO-GULASCH MIT PENNE

Zutaten

500 g	Rindfleisch
150 ml	dunkler Balsamico-Essig
75 ml	Wasser
3 EL	Öl zum Anbraten
	Salz
	frisch gemahlener schwarzer Pfeffer
2	kleine Zwiebeln
400 ml	Gemüsebrühe
150 g	Karotten
150 g	Staudenselleriescheiben
1 EL	Speisestärke
200 g	Penne

Zubereitung

Rindfleisch in Würfel schneiden und mindestens acht Stunden (!) in einer Mischung aus 100 ml Balsamico-Essig und 50 ml Wasser einlegen. Am nächsten Tag abtropfen lassen, in Öl scharf anbraten, dabei mit Salz und Pfeffer würzen. Die Zwiebeln würfeln, zum Fleisch hinzugeben und ebenfalls anbraten. Dann alles mit dem restlichen Wasser ablöschen und mit der Gemüsebrühe würzen. Den übrigen Balsamico-Essig hinzugeben und etwa 50 Minuten auf kleiner Hitze köcheln lassen.

In der Zwischenzeit die Karotten würfeln und Staudensellerie in Scheiben schneiden. Das Gemüse zum Fleisch geben und 10 Minuten mitgaren. Inzwischen die Penne in Salzwasser kochen. Das Gericht mit Salz und Pfeffer abschmecken und mit Speisestärke abbinden.

Tipp: Dazu passen auch Spätzle (Rezept siehe Seite 33).

KÜRBIS-SPINATSTRUDEL MIT FETA

Zutaten		Zubereitung

Zutaten

Für den Strudelteig:

200 g Mehl
2 EL Sonnenblumenöl
2 Eigelb
1 Prise Salz
bei Bedarf Wasser

Für die Füllung:

2 kleine Zwiebeln
400 g Hokkaido-Kürbis
200 g Spinat
3 EL Öl
120 g Schafskäse
1 Eigelb
Olivenöl

Zubereitung

Aus Mehl, 2 EL Öl, Eigelb und Salz einen Strudelteig kneten, bei Bedarf Wasser hinzufügen. Teig mindestens eine Stunde zugedeckt ruhen lassen. Für die Füllung Zwiebeln würfeln, Kürbis raspeln, Spinat in Streifen schneiden und blanchieren. Zunächst die Zwiebeln in Öl glasig dünsten, dann Kürbis und Spinat zugeben und mitdünsten. Die Masse anschließend auskühlen lassen.

Nun den Teig dünn ausrollen und die Füllung darauf verteilen, an beiden Seiten einen etwa 3 cm breiten Rand frei lassen. Den Schafskäse fein würfeln und darübergeben. Den Teig an der Seite einschlagen, aufrollen, auf ein Blech setzen. Um ein Aufklappen der Rolle zu verhindern, sollte das Ende der Teigrolle nach unten weisen. Eigelb und Olivenöl mischen und die Rolle damit bestreichen. Auf der mittleren Schiene bei 180 °C Umluft 40 Minuten backen.

Tipp: Dazu passt der Minz-Joghurt-Dip (siehe Rezept Seite 71).

ZWIEBEL-APFELQUICHE

Zutaten	
	Für den Belag:
500 g	rote Zwiebeln
250 g	Äpfel
1 EL	Butter
	Salz
	Pfeffer
100 g	Gorgonzola
	Für den Teig:
250 g	Mehl
1 Msp.	Salz
80 ml	Wasser
½	Würfel Hefe oder ½ Päckchen Trockenhefe
1 EL	Olivenöl
	Für den Guss:
200 g	Crème fraîche
200 g	Sauerrahm
1 Msp.	Pfeffer
½ TL	Majoran
	Salz
3	Eier

Zubereitung

Zwiebeln und ungeschälte Äpfel ohne Kernhaus jeweils in 0,5 cm breite Ringe schneiden. In der Butter kurz andünsten, leicht mit Salz und Pfeffer würzen. Mehl, Salz, Wasser, Hefe und Olivenöl zu einem Teig kneten und 30 Minuten zugedeckt gehen lassen.

Für den Guss die Crème fraîche, den Sauerrahm, die Gewürze, das Salz und die Eier vermischen.

Nun den Teig auswellen und auf ein gefettetes Backblech legen. Die Apfel- und Zwiebelringe darauf verteilen, Gorgonzola zerkleinern und ebenfalls darübergeben. Den Guss darauf verteilen und die Quiche etwa 35 Minuten bei 160 °C Umluft backen.

Tipp: Dazu passt Salat.

KOHLROULADEN MIT WÜRZIGER COUSCOUSFÜLLUNG UND KRÄUTERSAUCE

Zutaten

8	Weißkohl- oder Sommerwirsingblätter
1	kleine Zwiebel
250 g	Zucchini
2 EL	Öl
	Salz
	Pfeffer
200 g	Couscous
400 ml	Gemüsebrühe
100 g	ungesalzene Cashewkerne
100 g	Frischkäse
50 g	Crème fraîche
50 g	Rosinen
	Currypulver

Für die Kräutersauce:

40 g	Butter
40 g	Mehl
375 ml	Gemüsebrühe
125 ml	Milch
	Salz
	Pfeffer
	Muskat
1 TL	Kräuter der Saison

Zubereitung

Kohl- oder Wirsingblätter in einem Dampfkorb oder Dämpfeinsatz für 6 bis 8 Minuten über kochendem Wasser dämpfen. Zwiebel und die Zucchini würfeln und in Öl dünsten. Mit Salz und Pfeffer würzen, abkühlen lassen. Couscous in der Gemüsebrühe garen, die abgekühlten Zwiebel- und Zucchiniwürfel unterheben.

Die Cashewkerne ohne Öl anrösten und mit Frischkäse, Crème fraîche und Rosinen zum Couscous geben. Mit Salz, Pfeffer und Curry würzen. Bei den Kohlblättern die kräftigen Rippen flachschneiden und mit der Außenseite auf die Arbeitsfläche legen. Die Füllung darauf verteilen und Kohlblatt aufwickeln, bei Bedarf festbinden oder -stecken und in eine gefettete Auflaufform setzen.

Für die Sauce die Butter zerlassen, Mehl darüberstäuben, unter Rühren anschwitzen. Mit Gemüsebrühe ablöschen und unter Rühren aufkochen lassen. Milch hinzufügen und mit Salz, Pfeffer und Muskat würzen. Die Kräuter hacken und darunterziehen. Einen Teil der Sauce über die Rouladen geben. Im Backofen 30 Minuten bei 160 °C Umluft garen.

Tipp: Trockenen Weißwein dazu reichen. Hervorragend dazu passt auch das hier abgebildete Tomatensugo (Rezept siehe Seite 38).

Info: ***Muskatnuss*** *(siehe Seite 29).*

ÜBERBACKENE PILZE MIT RICOTTAFÜLLUNG UND BAGUETTE

Zutaten

8 Riesenchampignons
100 ml Olivenöl
Salz
Pfeffer
3 EL Parmesan
3 EL Petersilie
Paprikaringe und Sprossen für die Dekoration

Für die Füllung:
½ Chilischote
6 EL Parmesan
200 g möglichst krümeliger Ricotta
1 EL Abrieb von einer Bio-Zitrone
1 Eigelb
Salz
frisch gemahlener schwarzer Pfeffer
1 TL Oregano oder Majoran

Zubereitung

Für die Füllung die Kerne der Chilischote entfernen, die Schote fein hacken, Parmesan reiben. Ricotta, Zitronenabrieb mit der Chilischote, 6 EL Parmesan und Eigelb mischen, mit Salz, Pfeffer und Oregano oder Majoran würzen.

Die Champignonköpfe mit einem Tuch trocken abreiben, Stiele entfernen. Die Pilzköpfe in Olivenöl wenden, leicht salzen und pfeffern. Anschließend mit der Lamellenseite nach oben auf ein gefettetes Backblech legen.

Die Käsemasse mit einer Spritztüte oder einem Löffel in die Pilzhüte füllen, 3 EL geriebenen Parmesankäse darüberstreuen. Den Ofen auf 200 °C vorheizen und die Pilze in etwa 15 Minuten mit Umluft goldgelb überbacken. Auf eine Platte setzen und mit gehackter Petersilie bestreuen.

Tipp: Dazu passt Baguette.

WEISSKRAUTCURRY MIT KARTOFFELWÜRFELN

Zutaten

500 g	Kartoffeln
5 EL	Sonnenblumenöl
	Salz
	Pfeffer
1 TL	Ingwer
1 TL	Garam masala
500 g	gehobeltes Weißkraut
200 ml	Gemüsebrühe
2	Lorbeerblätter
150 g	Erbsen
	Paprikawürfel für die Dekoration

Zubereitung

Die geschälten rohen Kartoffeln in etwa 1 cm große Würfel schneiden, mit 2 EL Öl vermischen und mit Salz und Pfeffer würzen. Die Würfel auf einem gefetteten Blech 8 Minuten bei 170 °C Umluft backen und im Ofen warmhalten.

Ingwer würfeln und mit Garam masala in 3 EL Öl andünsten, Weißkraut hinzugeben, mit Salz und Pfeffer würzen. Anschließend Gemüsebrühe angießen, Lorbeerblätter hinzugeben und alles 10 Minuten dünsten. Bei Bedarf Wasser nachgießen. Erbsen unterheben und kurz miterhitzen. Die Konsistenz sollte knackig sein, die Masse nicht zu viel Flüssigkeit enthalten, nochmals abschmecken.

Tipp: Das Gericht kann auch mit Tomatenwürfeln verfeinert werden.

»Das geht doch nicht mit rechten Dingen zu, dachte mein Opa«, erzählt der 23-jährige Jonathan Gruel, Enkel von Heinrich Gruel, der bereits vor 41 Jahren auf biologischen Anbau umgestellt hat. Nachdenklich hatte ihn gemacht, dass ein Spritzmittel, das alle Bauern munter gegen die Kirschfruchtfliege eingesetzt hatten, von heute auf morgen verboten wurde. Mit dieser Art der Landwirtschaft wollte er nichts zu tun haben.

Heute sind drei Generationen auf dem Biolandhof Gruel in Owen unterhalb der Teck tätig: Betriebsleiter ist Sohn Andreas Gruel, ausgebildeter Agraringenieur, der viel auf den Feldern arbeitet und nebenher Bauern berät, die umsteigen wollen. Seine Frau Gabriele Lederer-Gruel führt den Hofladen und Jonathan Gruel, gelernter Industriekaufmann, macht Marketing und Vertrieb. Opa Gruel kümmert sich um die Kühe und die Oma hilft beim Abpacken der Linsen und anderer Produkte.

Angebaut werden Weizen, Dinkel, Roggen, Emmer, Kartoffeln, Zwiebeln, Karotten, Rote Bete, Kürbis und Äpfel. Seit 2013 haben die Gruels »Teck-Lensa« im Programm. Die laufen sehr gut. 2015 gab es einen Ertrag von sechs Tonnen Linsen, der 2016 auf 16 Tonnen gesteigert werden soll. Die steinreichen, kalkhaltigen Böden und das geringe Stickstoffangebot im biologischen Anbau sind ideale Voraussetzungen für den Linsenanbau.

Biologischer Anbau braucht viel Maschinen- und Manpower. »Striegeln, Kämmen, Hacken – nur so kann man das Unkraut bekämpfen und Stickstoff in den Boden bringen. Dafür verzichten wir auf chemisch-synthetische Düng- und Pflanzenschutzmittel«, meint Jonathan Gruel.

»Biologischer Anbau ist die Zukunft!« Davon ist die ganze Familie überzeugt. Gruels beliefern 50 Naturkostläden und Biosupermärkte in der Region und verkaufen im eigenen Hofladen in Owen. Und es funktioniert. Jonathan Gruel: »Das Regionale hat auch im biologischen Anbau wieder an Bedeutung gewonnen. Und ich bin so einer, der lieber an regionale Anbieter als an Großabnehmer liefert. Wer da kauft, möchte wirklich biologisch angebaute Lebensmittel.«

Biolandhof Gruel
Spitzwiesen 2, 73277 Owen
www.biolandhof-gruel.de

Hofladen, Kirchheimer Straße 87, 73277 Owen
Telefon (0 70 21) 8 11 58
hofladen@biolandhof-gruel.de

Öffnungszeiten:
Dienstag 9–12 Uhr, 16–18.30 Uhr
Freitag 15–18.30 Uhr, Samstag 9–12 Uhr

SEMMELKNÖDEL MIT PILZ-MANGOLD-RAGOUT

Zutaten

Für das Pilz-Mangold-Ragout:

200 g bunte Mangoldstiele
500 g Steinchampignons
1 Zwiebel
2 EL Butter
100 ml Gemüsebrühe
frisch gemahlener Pfeffer
100 g Frischkäse
100 g Crème fraîche
Salz
Zitronensaft
evtl. Maisstärke
3 EL glatte Petersilie
Mangoldblätter für die Dekoration

Für die Semmelknödel:

6 Brötchen vom Vortag
250 ml Milch
1 Zwiebel
1 EL Butter
2 Eier
3 EL Petersilie
Salz
Muskat

Zubereitung

Mangold waschen, die Stiele in 2 cm breite Stücke schneiden, die Blätter später für die Dekoration verwenden. Champignons putzen, je nach Größe halbieren oder vierteln. Zwiebel in Würfel schneiden, in der Butter andünsten, Mangoldstiele dazugeben und mitdünsten.

Mit Gemüsebrühe ablöschen, Pfeffer aus der Mühle darübergeben. Champignons zugeben, 5 Minuten dünsten, Frischkäse, Crème fraîche, Salz und Zitronensaft ebenfalls in den Topf geben und Sauce glatt rühren, evtl. mit Maisstärke binden. Beim Anrichten gehackte Petersilie darüberstreuen.

Für die Semmelknödel die Brötchen in Würfel schneiden, mit der erhitzten Milch gleichmäßig übergießen und ziehen lassen.

Zwiebel würfeln und in der Butter andünsten. Mit den Eiern, der gehackten Petersilie, Salz und Muskat zu den Brötchen geben. Nun mit nassen Händen gleichmäßige Klöße formen. Die Klöße in kochendes Salzwasser geben, Wasser noch einmal zum Kochen bringen, dann 10 bis 12 Minuten bei sanfter Hitze ziehen lassen.

APFELCRISP MIT VANILLEEIS

Zutaten	
500 g	saftige Äpfel (z. B. Boskop)
	Vanilleeis
	Für das Crisp:
30 g	gehackte Mandeln
2 EL	grobe Haferflocken
1 EL	Mehl
1 EL	Zucker
1 Msp.	Zimt
1 EL	weiche Butter
1 TL	Vanillezucker

Zubereitung

Die gehackten Mandeln mit Haferflocken, Mehl, Zucker und Zimt, der Butter und Vanillezucker mit dem Rührgerät zu einer krümeligen Masse kneten.

Das Kernhaus der Äpfel entfernen, die ungeschälten Früchte vierteln, in Scheiben schneiden und flach in eine gefettete Auflaufform füllen. Den Crisp darübergeben, bei 180 °C Umluft etwa 20 Minuten backen und mit einer Kugel Vanilleeis warm servieren.

Tipp: Dazu passt auch Vanillesauce (siehe Rezept Seite 53).

PFLAUMENCRUMBLE MIT VANILLESAUCE

Zutaten

40 g Löffelbiskuits
40 g Kokosflocken
1 EL flüssige Butter
1 EL Zucker
500 g Pflaumen

Zubereitung

Löffelbiskuits grob zerkrümeln und mit Kokosflocken, flüssiger Butter und Zucker mit dem Handrührgerät kneten. Pflaumen entsteinen, halbieren und in eine gefettete Auflaufform schichten, Crumble darüberstreuen. Mit Umluft bei 160 °C für 20 Minuten auf mittlerer Schiene backen.

Für die Vanillesauce siehe Rezept Seite 53.

SCHOKOTARTE MIT ZIMT-ZWETSCHGEN

	Zutaten
200 g	Bitterschokolade (mindestens 70 %)
200 g	Butter
6	Eier
200 g	Zucker
200 g	Mehl
1 TL	Backpulver
1 Prise	Salz
500 g	Zwetschgen
250 ml	Wasser
2 EL	Zucker
½ TL	Zimt
	evtl. kandierte Feigen und Minzblättchen für die Dekoration
	Puderzucker zum Bestäuben

Zubereitung

Schokolade zerkleinern, mit der Butter im Wasserbad schmelzen und abkühlen lassen. Eier und Zucker gut cremig rühren. Das Mehl mit dem Backpulver und dem Salz mischen und unter die Masse heben. Die abgekühlte Butter-Schokoladenmischung unterziehen. Den Teig in ein mit Backpapier ausgelegtes Blech füllen. Bei 150 °C Umluft etwa 20 bis 25 Minuten backen.

Zwetschgen waschen und entsteinen und in 250 ml kochendes Wasser geben. Zucker und Zimt hinzugeben und etwa 8 bis 10 Minuten köcheln lassen. Tarte in Stücke schneiden und mit den Zwetschgen zusammen auf Tellern anrichten. Mit Puderzucker bestäuben.

ZIMT-SAHNE-QUARK MIT PFLAUMENSAUCE

Zutaten

100 ml	Schlagsahne
250 g	Quark
120 g	Joghurt
1 EL	Zucker
1 TL	Vanillezucker
1 TL	Zitronensaft
½ TL	Zimt
	Pistazien zur Dekoration

Für die Pflaumensauce:

120 g	entsteinte Pflaumen
100 ml	Apfelsaft
1 EL	Zucker
1 TL	Zimt
½ EL	Speisestärke

Zubereitung

Sahne schlagen, etwas zum Verzieren abnehmen und beiseitestellen. Quark und Joghurt unter die Sahne rühren. Zucker, Vanillezucker und Zitronensaft zufügen und mit Zimt abschmecken. Für die Sauce die Pflaumen achteln. Den Apfelsaft mit Zucker und Zimt aufkochen, mit Speisestärke abbinden. Pflaumen dazugeben und mit Zimt abschmecken.

WINTER

CHICORÉESALAT MIT KRESSE UND GRANATAPFELKERNEN

	Zutaten
250 g	Chicorée
100 g	Granatapfelkerne
100 g	Kresse
	Für das Dressing:
2 EL	Rapsöl
2 EL	weißer Balsamico-Essig
1 TL	scharfer Senf
	Kräutersalz
	weißer Pfeffer
	evtl. etwas Honig

Zubereitung

Chicorée in 2 cm dicke Streifen schneiden und auf einer Platte flächig anrichten. Das Öl mit Essig, Senf, Salz und dem Pfeffer zu einem Dressing verrühren, mit etwas Honig abschmecken. Das Dressing über den Chicorée geben.

Den Granatapfel halbieren und vorsichtig von außen etwas kneten – so lösen sich die Kerne im Innern des Apfels. Nun die geöffnete Hälfte über eine Schüssel halten und mit einem Holzlöffel von oben auf den Apfel klopfen, so dass die Kerne ohne die weißen Häutchen herausfallen. Kerne und Kresse dekorativ über den Salat streuen.

Zutaten

- *1* kleine Zwiebel
- *40 g* Grünkernschrot
- *1 EL* Butter
- *800 ml* Gemüsebrühe
- *60 g* Karotten
- *40 g* Sellerie
- *60 g* Lauch
- *1* Bund Petersilie

Zubereitung

Zwiebel hacken und mit Grünkernschrot und etwas Butter in einem Topf anrösten. Anschließend in die Gemüsebrühe einrühren. Die Flüssigkeit zum Kochen bringen und 30 Minuten köcheln lassen.

In der Zwischenzeit die Karotten und den Sellerie raspeln, den Lauch in Streifen schneiden. Das Gemüse in die Brühe geben und 5 Minuten köcheln lassen. Die Petersilie fein schneiden und zum Schluss zur Suppe geben.

Info: ***Grünkern*** *– auch »Badischer Reis« genannt – ist das Korn des Dinkels, das halbreif geerntet und getrocknet wird.*

BELUGA-LINSENSALAT MIT GETROCKNETEN MANGOS

Zutaten	
20 g	getrocknete Mango aus fairem Handel
2 EL	Apfelsaft
60 g	Beluga-Linsen
30 g	Rote Linsen
1	Lorbeerblatt
400 ml	Wasser
50 g	Karotten
50 g	Apfel
20 g	Zwiebelsprossen
	Sprossen und Lauchringe als Dekoration
	Für das Dressing:
½ TL	Ingwer
½	Knoblauchzehe
2 EL	Olivenöl
1 EL	Mango-Essig
½ TL	Salz
½ TL	Honig

Zubereitung

Die getrocknete Mango in Apfelsaft einweichen. Die Linsensorten separat waschen. Die Beluga-Linsen mit dem Lorbeerblatt in kaltem Wasser aufsetzen, wobei das Wasser fingerbreit über den Linsen stehen sollte. Für 15 Minuten köcheln lassen, dann das Lorbeerblatt entfernen und die Linsen kalt abbrausen. Die Roten Linsen in gleicher Weise separat etwa 8 Minuten kochen. Die Linsen sollen weich, aber nicht zerkocht sein. Anschließend das Wasser abgießen und die Roten Linsen unter die Beluga-Linsen heben.

Für das Dressing den Ingwer fein reiben, den Knoblauch schneiden und mit dem Öl, Mango-Essig, Salz und Honig zu einem Dressing verrühren. Die Flüssigkeit über die warmen Linsen geben.

Zum Schluss die Karotten in Linsengröße würfeln und blanchieren. Den Apfel in Linsengröße würfeln. Beides zu den Linsen geben und abschmecken. Die eingeweichte Mango in dünne Streifen schneiden, zu den Linsen geben und mindestens 12 Stunden lang marinieren.

Den Linsensalat auf einer Platte anrichten und mit den Zwiebelsprossen garnieren.

FELDSALAT MIT APFEL-WALNUSS-DRESSING

Zutaten

200 g Feldsalat
50 g Walnüsse

Für das Dressing:
1 EL weißer Balsamico-Essig
1 EL Olivenöl
1 TL Honig
½ TL Salz
frisch gemahlener Pfeffer
1 Apfel

Zubereitung

Für das Dressing den Essig mit Öl und Honig mischen und mit Salz und Pfeffer würzen. Den Apfel als Stifte direkt in das Dressing raspeln. Den Feldsalat kurz vor dem Servieren mit dem Dressing marinieren und auf einer Platte anrichten. Die Walnüsse grob hacken und trocken in der Pfanne anrösten. Anschließend über den Salat geben.

KAROTTEN-KOKOS-SUPPE

Zutaten

560 g	Karotten
½ l	kräftige Gemüsebrühe
1	mittelgroße Zwiebel
½ TL	Ingwer
150 g	Lauch
2 EL	Öl
200 ml	Kokosmilch
½	rote Chili
1 TL	Asiagewürz
	Zitronensaft zum Abschmecken
2 EL	Schnittlauch oder Petersilie

Zubereitung

400 g der Karotten in Scheiben schneiden und in der Gemüsebrühe weichkochen, anschließend vom Herd nehmen und pürieren. Die Zwiebel hacken, den Ingwer fein reiben und die restlichen Karotten stifteln. Das Grüne vom Lauch in feine Streifen schneiden. Zunächst die Zwiebel in Öl andünsten, dann Ingwer, Karottenstifte und Lauch zugeben und mitdünsten. Anschließend mit den pürierten Karotten ablöschen.

Die Kokosmilch dazugeben. Die Chili in feine Streifen schneiden und Asiagewürz und Zitronensaft hinzufügen, 10 Minuten köcheln lassen. Eventuell noch etwas Flüssigkeit zugeben – die Suppe sollte eine sämige Konsistenz haben. Vor dem Servieren abschmecken und mit den Kräutern bestreuen.

Tipp: Dazu passt Baguette.

SONNENHOF

»Zu wissen, was mit unseren Produkten passiert, ist das Schönste.« Landwirt Bernhard Klett (47) vom Sonnenhof in Bad Boll schwärmt von der frischen Heumilch, von der Roten Lola, einem preisgekrönten Frischkäse, und dem Honig-Salz-Brot, das nicht nur richtig satt macht, sondern auch lange frisch bleibt.

Seit 1988 wird auf dem Sonnenhof, einem Tochterunternehmen der »Wala Heilmittel GmbH«, nach Demeter-Richtlinien gearbeitet. Bei dieser ökologischen und nachhaltigen Bewirtschaftung bilden Anbauflächen und Kühe einen geschlossenen Betriebsorganismus. Durch die Bodenbearbeitung, Fruchtfolge und den Einsatz biologisch-dynamischer Präparate wird die Bodenfruchtbarkeit gefördert.

Viel zu tun für die Familie und die rund 15 Mitarbeitenden, die 88 Hektar Land bewirtschaften, davon 55 Hektar Grünland. Weizen, Roggen, Dinkel und Emmer liefern die gesunden Rohstoffe für die hofeigene Bäckerei, in der Backwaren, süße Stückchen und Vollkornbrote entstehen.

Salbei, Sonnenhut oder Spitzwegerich: Neben verschiedenen Obst- und Gemüsesorten werden auf dem Sonnenhof auf vier Hektar auch Heilpflanzen für die anthroposophischen Arzneimittel der »Wala« und für die »Dr. Hauschka Kosmetik« hergestellt.

Die 35 Milchkühe und der Zuchtbulle lassen sich das hofeigene Kleegras schmecken. Die Jungtiere werden selbst aufgezogen. Alle Tiere haben das ganze Jahr über Auslauf und dürfen ihre Hörner behalten – auch wenn sie deshalb mehr Platz im Stall benötigen. Die frische Rohmilch, die man auch rund um die Uhr an einem Automaten beziehen kann, wird in der Käserei mit Lab, etwas

Salz, Pflege und Geduld zu Speisequark, Joghurt, Frisch-, Schnitt- und Hartkäse verarbeitet – frei von künstlichen Zusätzen.

Obst und Gemüse, Käse- und Milchprodukte, Fleisch und Wurst, Backwaren: Alle Sonnenhof-Produkte werden direkt im Hofladen verkauft. Bernhard Klett schätzt es, mit den Verbrauchern seiner Produkte ins Gespräch zu kommen: »Das ist etwas ganz Besonderes.«

Sonnenhof GmbH
Astwiesen 2
73087 Bad Boll
Telefon (0 71 64) 14 61 40
info@sonnenhof-bad-boll.de
www.sonnenhof-bad-boll.de

Öffnungszeiten Hofladen und -café:
Montag–Freitag 9–12.30 Uhr, 15–18.30 Uhr
Samstag 9–12.30 Uhr

LAUCH NACH TÜRKISCHER ART

Zutaten

30 g	Sultaninen
500 g	Lauch
3 EL	Olivenöl
250 g	Tomaten
40 g	schwarze Oliven
1 TL	Salz
1 TL	Zucker
	frisch gemahlener Pfeffer
2 EL	Zitronensaft

Zubereitung

Die Sultaninen 12 Minuten in heißem Wasser einweichen. Den unteren Teil der Lauchstangen schräg in etwa 4 cm lange Stücke schneiden und in Olivenöl in der geschlossenen Pfanne für 10 Minuten andünsten.

Tomaten waschen, Stielansatz entfernen und kreuzweise einritzen. 2 Minuten in kochendem Wasser blanchieren und kalt abschrecken. Haut abziehen, Kerne entfernen und Tomaten würfeln. Die Tomatenstückchen zum Lauch in die Pfanne geben.

Sultaninen abtropfen lassen, Oliven in Scheiben schneiden oder ganz lassen und beides mit Salz, Zucker und Pfeffer zugeben und in der geschlossenen Pfanne weitere 15 Minuten dünsten. Dann mit Zitronensaft abschmecken und lauwarm servieren.

Tipp: Dazu passt Brot.

ALLGÄUER KARTOFFELKÜCHLE MIT KRÄUTERQUARK

Zutaten

1 kg mehlige, ältere Kartoffeln
3 kleine Zwiebeln
etwas Butter
400 g geriebener Gouda
1 Bund Petersilie
Salz
frischen Pfeffer
1 TL Majoran
2 Eier
Semmelbrösel
Öl zum Ausbacken
Karotten, Rucola, Paprika oder anderes Gemüse als Dekoration

Für den Kräuterquark:

100 g Schlagsahne
100 g Joghurt
300 g Quark
Salz
Pfeffer
1 Msp. gemahlener Kümmel
100 g frische Kräuter

Zubereitung

Kartoffeln in Salzwasser kochen, schälen und gut auskühlen lassen. Anschließend grob reiben. Die Zwiebeln hacken und in etwas Butter andünsten, den Käse reiben. Beides mit gehackter Petersilie, Salz, Pfeffer, Majoran und den Eiern zu den Kartoffeln geben und zügig zu einem lockeren Teig kneten. 1 Stunde ruhen lassen.

Aus dem Teig flache Küchle formen, in Semmelbröseln wenden und in reichlich Öl fast schwimmend goldbraun ausbacken. Die Küchle bis zum Servieren im Backofen bei 80 °C warmhalten.

Für den Kräuterquark die Sahne steifschlagen, Joghurt und Quark dazugeben, alles zu einer homogenen Masse verrühren. Mit den Gewürzen abschmecken, Kräuter feinhacken und unterziehen.

HÄHNCHENBRUST IN KOKOSSAUCE MIT LILA REIS

Zutaten

4 halbe Hähnchenbrüste
200 g Lila Reis (z. B. aus dem »Eine-Welt-Laden«)

Für die Marinade:
1 EL Sonnenblumenöl
Madras-Gewürzpaste (z. B. aus dem »Eine-Welt-Laden«)
1 Bund Lauchzwiebeln
2 Tomaten
Öl zum Anbraten
1 EL mittelscharfe indische Currypaste
300 ml Kokosmilch
Salz
Pfeffer
1 EL Gemüsebrühe
1 Bund frischer Koriander oder glatte Petersilie

Zubereitung

1 EL Öl und 1 EL Madras-Gewürzpaste (oder Currypaste) verrühren und die Hähnchenbrüste darin für mindestens 4 Stunden (!) marinieren. Anschließend in der Pfanne mit Sonnenblumenöl goldbraun anbraten. Fleisch aus der Pfanne nehmen und im Backofen bei 80 °C warmhalten.

Den festen Teil der Lauchzwiebeln schräg in 3 cm breite Streifen schneiden. Tomaten waschen, Stielansatz entfernen und kreuzweise einritzen. 2 Minuten in kochendem Wasser blanchieren und kalt abschrecken. Haut abziehen, Tomaten entkernen und würfeln. Zunächst die Zwiebelwürfel kurz in Öl anbraten. Dann die Currypaste zugeben und 2 Minuten mitbraten. Zum Schluss die Tomatenwürfel zugeben, kurz mitschmoren und mit Kokosmilch ablöschen. Die Sauce mit Salz, Pfeffer und Gemüsebrühe abschmecken und köcheln lassen, bis die Zwiebeln bissfest sind. Die Kochplatte abschalten, die Hähnchenbrüste in die Sauce legen und für etwa 8 Minuten gar ziehen lassen.

In der Zwischenzeit den Lila Reis nach Packungsanleitung garen. Den Koriander oder die Petersilie hacken und kurz mitziehen lassen.

Tipp: Das Gericht soll eine leichte Schärfe haben. Man kann es auch mit Sahne verfeinern oder Zuckerschoten oder Erbsen kurz mitgaren lassen.

Info: *Beim Lila Reis handelt es sich um eine Reismischung, die sich beim Kochen lila färbt. In seiner Heimat Laos ist der Lila Reis eine Spezialität, die vor allem zu festlichen Anlässen zubereitet wird.*

ROTE-LINSEN-SUPPE

Zutaten	
200 g	Zwiebeln
1 TL	Ingwer
2 EL	Öl
180 g	Rote Linsen
2 TL	Garam masala
1 l	Gemüsebrühe
250 g	Tomaten
250 ml	Kokosmilch
	Salz
	Pfeffer
	Petersilie als Dekoration

Zubereitung

Die Zwiebel fein hacken, den Ingwer reiben und beides in Öl anbraten. Rote Linsen, das Garam masala und Gemüsebrühe zugeben. Die Suppe 15 Minuten köcheln lassen, die Linsen dürfen ganz weich sein. Die Tomaten würfeln und unterziehen. Anschließend die Kokosmilch angießen, mit Salz und Pfeffer abschmecken und kurz aufkochen lassen.

Tipp: Dazu passt Brot. Statt Garam masala können Sie auch Kreuzkümmel verwenden. Wer es scharf mag, kann 1 bis 2 Chilischoten dazugeben. Diese Suppe lässt sich bei Bedarf gut verlängern.

KAROTTEN-KARTOFFELSOUFFLÉ

Zutaten

800 g	Kartoffeln
320 g	Karotten
4	Eiweiß
60 g	Butter
4	Eigelb
200 ml	Schlagsahne
	Salz
	Pfeffer
	Majoran
	Muskat
100 g	Gratinkäse
2 EL	geschälte Sonnenblumenkerne

Zubereitung

Die Kartoffeln im Dämpfkorb oder Dampfeinsatz in der Schale für etwa 40 Minuten dämpfen, anschließend schälen. Die Karotten schälen, für 20 Minuten dämpfen. Kartoffeln und Karotten nach dem Abkühlen grob raspeln.

Eiweiß steif schlagen. Flüssige Butter, Eigelb und Sahne unter den Eischnee ziehen und kräftig mit den Gewürzen abschmecken. Geriebene Kartoffeln, Karotten und zwei Drittel des Käses unter die Masse heben. Anschließend in eine gefettete Auflaufform maximal 4 cm hoch füllen und mit dem restlichen Käse und Sonnenblumenkernen bestreuen. Das Soufflé für 45 Minuten bei Umluft 150 °C auf der mittleren Schiene backen.

Tipp: Dazu passt grünes Gemüse (etwa 150 g pro Person) und Kräutersauce (siehe Rezept Seite 111).

MEDITERRANES ORANGENHUHN MIT COUSCOUS

Zutaten

4	Hähnchenkeulen
1 TL	Abrieb einer Bio-Zitrone
1 TL	Abrieb einer Bio-Orange
100 ml	frisch gepresster Orangensaft
1 EL	Honig
200 g	Couscous
400 ml	Gemüsebrühe
1 EL	gehackte Petersilie

Für die Marinade:

1 TL	Senf
½ TL	Salz
1	Knoblauchzehe
1 TL	süßes Paprikapulver
1 Msp.	Pfeffer
1 TL	frischer Thymian
2 EL	Olivenöl

Zubereitung

Den Senf mit Salz, Knoblauch, Paprikapulver, Pfeffer, Thymian und Olivenöl mischen. Die halbierten Hähnchenkeulen damit einreiben und in eine gefettete Auflaufform legen. Das Fleisch mindestens 1 Stunde ruhen lassen.

In der Zwischenzeit Zitrone und Orange heiß waschen und die Schale fein abreiben. Die Orange auspressen, den Saft mit Honig und Schalenabrieb mischen. Die Flüssigkeit über die Hähnchen gießen. Das Fleisch für 50 Minuten bei 170 °C auf der mittleren Schiene backen. In der Zwischenzeit den Couscous in der Gemüsebrühe garen. Anschließend die Keulen mit Petersilie bestreuen.

Tipp: Dazu passt auch Bulgur.

LINSEN-KARTOFFEL-FRIKADELLEN MIT KRÄUTERQUARK

Zutaten

300 g	Alb- oder Tecklinsen
800 ml	Wasser
1 EL	Gemüsebrühe
400 g	mehlige Kartoffeln
1	kleine Zwiebel
2 EL	Petersilie
½	Knoblauchzehe
200 g	Karotten
2 EL	Öl
3	Eier
	Salz
	Pfeffer
	mildes Curry
2 EL	Semmelbrösel
2 EL	grobe Haferflocken
	weitere Karotten für die Dekoration
	ausreichend Öl zum Ausbacken

Für den Kräuterquark:

100 g	Schlagsahne
100 g	Joghurt
300 g	Quark
	Salz
	Pfeffer
1 Msp.	gemahlener Kümmel
100 g	frische Kräuter

Zubereitung

Die Linsen über Nacht in Wasser einweichen. Am nächsten Tag die Gemüsebrühe zugeben und die Linsen darin für 20 Minuten garen, anschließend abtropfen lassen. Die Kartoffeln in der Schale für 40 Minuten im Dampfeinsatz garen, etwas abkühlen lassen. Kartoffeln pellen und mit der Reibe grob raspeln. Die Zwiebel würfeln, die Petersilie und den Knoblauch hacken. Die Karotten schälen und fein raspeln. Öl erhitzen, Zwiebel und Knoblauch darin glasig dünsten.

In einer Schüssel alles zusammen mit den Eiern vermengen, mit Salz, Pfeffer und mildem Curry würzen und die Semmelbrösel und Haferflocken dazugeben. Mit dem Eisportionierer Teigkugeln formen, etwas platt drücken und in reichlich Öl in der Pfanne goldbraun ausbacken.

Für den Kräuterquark die Sahne steifschlagen, Joghurt und Quark dazugeben, alles zu einer homogenen Masse verrühren. Mit den Gewürzen abschmecken, Kräuter feinhacken und unterziehen.

Tipp: Die angegebenen Mengen ergeben etwa 20 Frikadellen.

GRÜNKERNKÜCHLE MIT GEBACKENEM HOKKAIDO

Zutaten

Für die Küchle:

2	kleine Zwiebeln
20 g	Butter
130 g	grobes Grünkernschrot
½ l	Gemüsebrühe
1	Lorbeerblatt
3	Eier
100 g	Semmelbrösel (bei Bedarf)
80 g	geriebener Gouda
1 TL	Majoran
1 TL	Thymian
1	Bund frische Petersilie
	Salz
	Pfeffer

Für den Kürbis:

1 kg	Hokkaido-Kürbis/Muskatkürbis
2 EL	Ölivenöl
1 EL	weißer Balsamico-Essig
	Salz
	Pfeffer
1 TL	Thymian
	Salatblätter zur Dekoration

Zubereitung

Für die Küchle die Zwiebeln würfeln und mit Butter in der Pfanne anrösten. Das Grünkernschrot für einige Minuten mit anrösten und mit der Gemüsebrühe ablöschen. Lorbeerblatt zugeben und das Grünkernschrot bei geringer Hitze für 20 Minuten ausquellen lassen. Anschließend Lorbeerblatt entfernen, Masse in eine Schüssel füllen und für 8 Stunden (!) kühl stellen.

Eier, Semmelbrösel, geriebenen Gouda, gehackten Majoran, Thymian und die gehackte Petersilie zur Masse geben, mit dem Handrührgerät kneten, mit Salz und Pfeffer abschmecken. Mit einem Eisportionierer flache Küchle formen und in der Pfanne in reichlich Öl hellbraun backen. Auf ein Blech legen und für 10 Minuten bei 150 °C mit Umluft fertigbacken.

Den Kürbis waschen, aushöhlen und in Spalten schneiden. Mit Olivenöl, Balsamico-Essig und Gewürzen mischen und auf ein Backblech legen. Bei 180 °C Umluft für 10 bis 15 Minuten backen.

Info: ***Grünkern*** *(siehe Seite 125).*

EIN STIMMIGES MASS FÜR UNSERE ERNÄHRUNG

Als wir uns bei einer Klausur der Initiative Solidarische Landwirtschaft mit der Frage beschäftigten, wie denn unser Speiseplan aussähe, wenn wir uns ausschließlich von den Produkten des Reyerhofs ernähren würden, machten wir spannende Entdeckungen: Der Reyerhof mit seinen 22 Hektar Acker- und 16 Hektar Grünland könnte etwa 140 Menschen ernähren. Von der Milch unserer zehn Kühe könnten wir so viel Butter herstellen, dass es neben der Frischmilch, dem Joghurt, Quark und Käse noch für etwa 50 Gramm Butter in der Woche reichen würde.

Wir schlachten etwa zehn Rinder im Jahr. Das sind die männlichen Tiere, die wir als Ochsen auf der Weide groß werden lassen, und die weiblichen Tiere, die wir nicht zur Nachzucht brauchen, und die Kühe, die altershalber geschlachtet werden. Wenn wir das anfallende Fleisch dann auf unsere 140 Menschen verteilen, reicht es für jeden wöchentlich zu einem Sonntagsbraten, einem Hackfleischgericht in der Woche und an drei Tagen zu Wurst oder Rauchfleisch aufs Brot.

Dann fiel uns auf, dass auf dem Reyerhof die Hühner fehlen, damit wir auch Spätzle aus dem Mehl

unseres Weizens herstellen können – oder um einen Geburtstagskuchen zu backen.

Wie viele Hühner könnte der Hof denn ernähren?

Um diese Frage beantworten zu können, will ich den Blick etwas weiten: Wir haben in den letzten 100 Jahren die Landwirtschaft immer arbeitsteiliger, immer industrieller gestaltet. Am Entstehen eines Eis sind inzwischen verschiedene spezialisierte Betriebe beteiligt: der Züchter, der Brutbetrieb, der Junghennen-Aufzuchtbetrieb und schließlich der Hühnerhalter. Das Futter stammt inzwischen auch mehrheitlich nicht mehr vom eigenen Hof, sondern wird zugekauft. Häufig mit einem hohen Anteil an importierten Futtermitteln, die auf Flächen angebaut werden, die eigentlich für die dortigen Nahrungsmittel benötigt werden.

Wenn wir diese Industrialisierung der Landwirtschaft überwinden wollen, die darin besteht, den Ackerbau und die Viehhaltung zu trennen, zu spezialisieren und ins Unermessliche zu steigern, dann geht das nur durch die erneute Verbindung von Ackerbau und Tierhaltung. Dies ist auch der einzige Weg, um die Böden langfristig fruchtbar zu erhalten. Um aber möglichst viele Menschen ernähren zu können, dürfen die Tiere nicht zum Nahrungsmittelkonkurrenten des Menschen werden.

In der industriellen Landwirtschaft haben wir zum Beispiel die Kuh zum Schwein gemacht, indem wir ihr Getreide, Mais und Soja füttern statt Gras, Klee und Heu.

Zurück zu unseren Hühnern: Wenn sie sich also nur von dem ernähren sollen, was für den Menschen nicht geeignet ist, dann sieht ihr Speiseplan folgendermaßen aus: Reinigen wir unseren Weizen nach der Ernte, fällt Ausputzgetreide an. Das ist die eine Hälfte des Hühnerfutters. Die andere besteht aus Gras und Klee, das sie auf der Weide fressen können, Würmern und Maden, die sie dort auch finden, sowie aus einer Mischung aus gekochten Ausschusskartoffeln und Molke, die bei der Käse- und Quarkherstellung anfällt. Damit könnten wir auf dem Reyerhof ungefähr 70 Hühner ernähren. Da wir die männlichen Küken nicht – wie sonst üblich – nach dem Schlüpfen schreddern, sondern ebenfalls aufziehen, können wir 35 Hühner und 35 Hähne halten. Ein Huhn einer solchen Zwei-Nutzungsrasse legt etwa 220 Eier im Jahr, alle Hühner zusammen 7700 Eier, jeder der 140 Menschen bekäme pro Woche ein Ei.

Wenn die Hähne ausgewachsen sind und geschlachtet werden, dann könnten sich immer vier Menschen ein gebratenes Hähnchen pro Jahr beispielsweise als Weihnachtsbraten teilen. Mehr Geflügelfleisch ginge auf Kosten von Lebensmitteln.

In unserer Klausur haben wir die Erfahrung gemacht, dass wir durch die Gestaltung einer konkreten Landwirtschaft wieder ein stimmiges Maß für unsere Ernährung gewinnen können. Heraus kommt dabei eine vielseitige Landwirtschaft, die sich sowohl unserer Kulturaufgabe widmet – Mehrung der Bodenfruchtbarkeit, Tier- und Pflanzenzucht – als auch möglichst viele Menschen auf diesem Planeten ernähren kann.

Christoph Simpfendörfer

Christoph Simpfendörfer *arbeitet seit 1982 auf dem biologisch-dynamischen Reyerhof in Stuttgart-Möhringen, seit 1986 als verantwortlicher Landwirt. Er ist seit vielen Jahren ehrenamtlicher Verantwortungsträger im Demeter-Verband. Als Sohn von Werner Simpfendörfer, Pressereferent, Tagungsleiter und zuletzt stellvertretender Direktor der Evangelischen Akademie Bad Boll, wuchs er von 1959 bis 1969 quasi in der Akademie auf.*

GRIECHISCHE HACKFLEISCHBÄLLCHEN MIT OFENKARTOFFELN UND ZAZIKI

Zutaten

1	trockenes Brötchen
1	Zwiebel
1 EL	Olivenöl
1	kleine Knoblauchzehe
400 g	Hackfleisch
2	Eier
1 TL	Tomatenmark
	Salz
	Pfeffer
	Rosmarin
	Thymian
	Basilikum
	evtl. Semmelbrösel
100 g	Feta

Für die Ofenkartoffeln:

1 kg	Kartoffeln
4 EL	Olivenöl
2 EL	Salz
1 EL	Pfeffer
2 EL	Paprika edelsüß

Für das Zaziki:

⅓	Salatgurke
400 g	griechischer Joghurt
2	Knoblauchzehen
3 EL	Olivenöl
	Salz
	Pfeffer
	Petersilie
	evtl. schwarze Oliven

Zubereitung:

Das Brötchen in Wasser einweichen, die Zwiebel würfeln und in Olivenöl andünsten. Die Knoblauchzehe pressen. Das Brötchen ausdrücken und mit dem Hackfleisch, den Eiern, der Zwiebel, dem Knoblauch, dem Tomatenmark und den Gewürzen zu einem Fleischteig verarbeiten. Semmelbrösel zufügen, wenn nötig. Den Feta würfeln und zum Schluss unterheben, auf ein gefettetes Blech gleichmäßige Bällchen setzen und bei 200 °C Umluft 10 bis 15 Minuten backen.

Für die Ofenkartoffeln den Ofen auf 180 °C (Umluft) vorheizen. Die ungeschälten Kartoffeln abbürsten und vierteln. Mit dem Öl und den Gewürzen in eine große Schüssel mit Deckel geben. Die Schüssel verschließen und gut schütteln. Kartoffeln auf ein mit Backpapier ausgelegtes Blech geben und etwa 45 Minuten backen.

Für das Zaziki die Salatgurke streifig schälen, längs halbieren und mit einem Teelöffel entkernen. Die Gurke auf der Haushaltsreibe grob raspeln. Den Joghurt in eine Schüssel geben. 1 bis 2 junge Knoblauchzehen dazu pressen. Das Olivenöl zugeben, mit Salz und Pfeffer würzen und glattrühren. Gurkenraspel untermischen. Zaziki mit etwas Olivenöl beträufeln und mit gehackter Petersilie bestreut anrichten. Wer mag, kann den Zaziki mit schwarzen Oliven garnieren.

SÜSSER GRÜNKERNAUFLAUF MIT KOMPOTT

Zutaten		Zubereitung
200 g	grobes Grünkernschrot	Das Grünkernschrot in die kochende Milch rühren, Salz und die geriebene Zitronenschale zugeben. Das Schrot für 20 Minuten bei sanfter Hitze quellen lassen. Anschließend die Masse auskühlen lassen.
1 l	Milch	
1	Msp. Salz	Eier und Zucker schaumig rühren, die Grünkernmasse unterrühren und in eine gefettete Auflaufform füllen. Mit Mandelblättchen bestreuen, Butterflöckchen darauf verteilen. Im Ofen bei 160 °C Umluft für 40 Minuten backen.
1 TL	Zitronenabrieb	
3	Eier	
150 g	Zucker	
50 g	Mandelblättchen	
	Butterflocken (nach Belieben)	

Tipp: Dazu passen alle Arten von Kompott. Die Mengenangaben beziehen sich auf ein Hauptgericht, für einen Nachtisch entsprechend reduzieren.

Info: ***Grünkern*** *siehe Seite 125).*

ORECCHIETTE MIT BALSAMICO-LINSEN

Zutaten

2	kleine Zwiebeln
1 EL	Sonnenblumenöl
100 g	Beluga-Linsen
350 ml	Gemüsebrühe
100 ml	dunkler Balsamico-Essig
1 EL	Zucker
	Salz
	Pfeffer
250 g	Orecchiette
1	Bund Lauchzwiebeln
10	Cocktailtomaten zum Garnieren
	Parmesan (nach Belieben)

Zubereitung

Die Zwiebeln würfeln und in Öl glasig dünsten. Die Linsen mit der Brühe zugeben, alles 30 Minuten köcheln lassen.

Den Balsamico-Essig mit dem Zucker in einem kleinen Topf reduzieren, mit Salz und Pfeffer abschmecken und zu den Linsen geben. Orecchiette nach Herstellerangaben in Salzwasser kochen.

Die Lauchzwiebeln in Ringe schneiden und mit den Orecchiette unter die Linsenmasse heben, mit Salz und Pfeffer abschmecken und mit geviertelten Cocktailtomaten garnieren. Parmesan darüberreiben oder hobeln.

Tipp: Dazu passt Salat.

HACKFLEISCHPASTETE MIT REMOULADE

Zutaten

Für die Füllung:

1 ½	altbackene Brötchen
1	Zwiebel
	etwas Butter
4 EL	Petersilie
2	Eier
500 g	Rinderhack
	Salz
	Pfeffer
	Paprika edelsüß
	bei Bedarf Semmelbrösel

Für den Teig:

600 g	Blätterteig
3	Scheiben Gouda
3	Scheiben gekochter Schinken
1	Ei
1 EL	Milch

Für die Remoulade:

100 g	Joghurt
100 g	Mayonnaise
1 TL	Zitronensaft
1 Msp.	Salz
1 Msp.	Pfeffer
1	kleine Zwiebel
1	Essiggurke
½	Apfel
1	gekochtes Ei
1	Bund frische Kräuter

Zubereitung

Für die Pastete die Brötchen einweichen, die Zwiebeln würfeln und in etwas Butter andünsten. Die Brötchen auspressen, zusammen mit den Zwiebeln, der gehackten Petersilie, den Eiern, dem Hackfleisch und den Gewürzen zu einem kompakten Fleischteig verarbeiten. Bei Bedarf noch etwas Semmelbrösel unterarbeiten.

Von einem Drittel des Blätterteiges eine Bodenplatte auf ein gefettetes Backblech legen, den Fleischteig darauf verteilen. Dabei darauf achten, dass mindestens ein Rand von 3 cm frei bleibt.

Erst die Goudascheiben, dann den Schinken über den Fleischteig legen und gut andrücken. Eiweiß vom Eigelb trennen. Den Rand mit dem Eiweiß bestreichen. Den restlichen Blätterteig locker über den Fleischteig legen. Einen gleichmäßigen Rand formen, mit einer Gabel festdrücken. Der überstehende Teig kann zur Verzierung der Pastete verwendet werden. Aus dem Deckel zwei Löcher ausstechen, Eigelb mit Milch verquirlen, Pastete mit Eiermilch bestreichen. Bei 180 °C Umluft eine Stunde backen, vor dem Anschneiden 15 Minuten ruhen lassen.

Für die Remoulade den Joghurt, die Mayonnaise und den Zitronensaft verrühren und mit Salz und Pfeffer würzen. Zwiebel, Essiggurke und Apfel in kleine Würfel schneiden und hineingeben. Das Ei würfeln, mit den feingeschnittenen Kräutern untermischen und die Remoulade nochmals abschmecken.

Tipp: Für festliche Anlässe können ganze Pistazienkerne unter den Fleischteig gemischt werden und nach dem Bestreichen Sonnenblumenkerne oder gehackte Mandeln auf den Teig gestreut werden. Wer will, kann mit dem übrigen Blätterteig die Pastete fantasievoll dekorieren. Dazu passt Salat, Kartoffelsalat und Joghurt-Kräuterdip.

APFELGRÜTZE MIT ZIMTSAHNE

Zutaten	
500 g	Äpfel
250 ml	Apfelsaft
1 EL	Zitronensaft
1 EL	Zucker
1 ½ TL	Vanillezucker
2 Msp.	Zimt
1 EL	Speisestärke
200 ml	Schlagsahne
	Zimstangen zur Dekoration

Zubereitung

Äpfel vierteln, entkernen und in Scheiben schneiden. Apfelscheiben mit Apfel- und Zitronensaft, Zucker, Vanillezucker und 1 Messerspitze Zimt kurz aufkochen lassen. Die Speisestärke mit wenig kaltem Wasser anrühren und in die Masse einrühren, kurz aufkochen lassen. Auf Zimmertemperatur abkühlen lassen und in eine Schüssel füllen. Die Sahne mit restlichem Zimt steif schlagen und damit die Apfelgrütze garnieren.

APFEL-TIRAMISU

Zutaten	
60 g	Löffelbiskuits
	Für die Apfelmasse:
160 g	Äpfel
120 ml	Apfelsaft
1 TL	Zitronensaft
1 Msp.	Zimt
1 TL	Vanillezucker
1 EL	Zucker
1 TL	Speisestärke
	Für den Mandelkrokant:
20 g	Butter
2 EL	Zucker
40 g	Mandelblättchen
	Für die Creme:
80 ml	Schlagsahne
80 g	Mascarpone
120 g	Magerquark
120 g	Joghurt
1 EL	Zucker
1 TL	Vanillezucker

Zubereitung

Für die Apfelmasse die Äpfel entkernen und grob raspeln. Apfel- und Zitronensaft mit Zimt, Vanillezucker und Zucker aufkochen. Speisestärke mit ein wenig kaltem Wasser anrühren und dazugeben, die Flüssigkeit einmal aufkochen lassen. Die geraspelten Äpfel zugeben und abkühlen lassen.

Für den Mandelkrokant die Butter zerlassen und mit dem Zucker und den Mandelblättchen vermischen. Auf ein gefettetes Blech geben und für 10 Minuten bei 130 °C Umluft backen.

Für die Creme die Sahne steif schlagen, etwas davon zur Seite stellen als Garnitur. Mascarpone, Quark, Joghurt, Zucker und Vanillezucker dazurühren.

Das Tiramisu schichten: Ein Drittel der Creme in eine Auflaufform streichen oder in Dessertgläser einfüllen. Darauf Löffelbiskuits ganz oder in Stücken legen. Die Apfelgrütze darüber verteilen und mit Krokant überstreuen. Nun die restliche Creme darübergeben.

Tipp: Das Tiramisu mit Sahne, Apfelschnitzen und Amarettini garnieren.

HERZLICHEN DANK!

Unser Dank gilt vor allem dem großartigen Küchenteam: Vanessa Beutel, Oxana Greilich, Franziska Hengmith, Ulrike Kohl (Bild links), Petra Neumann, Isabell Ramos, Ingrid Schüle, Elke Steinborn, Dragiza Zonic.

Barbara Bässler, Reinhard Becker, Dr. Brigitte Dahlbender, Irene und Manfred Frank, Jonathan Gruel und Familie, Bernhard Klett, Jobst Kraus, Karin Nitsch, Christoph Simpfendörfer, Dr. Klaus Seitz, Marielisa von Thadden, Karin Woyta.

HINWEISE

Bei den Mengenangaben in den Rezepten handelt es sich um Nettoangaben: die Zutaten wurden vor dem Wiegen gewaschen, geputzt und gegebenenfalls geschält.

Die Zubereitung im Backofen ist in der Regel mit den Temperatur- und Zeitangaben für Umluft angegeben. Wird Ober- und Unterhitze benötigt, ist dies ausdrücklich angegeben. Bitte lesen Sie die Rezepte vor Beginn der Zubereitung vollständig.

BILDNACHWEIS

Valentin Marquardt: Sämtliche Rezeptbilder *(S. 16–23, 27–46, 48–53, 56–63, 66–79, 81–85, 88–95, 98–114, 116–121, 124–129, 131–143, 147–155)*, das Covermotiv sowie das Bild des Küchenteams *(S. 10)*
Martina Waiblinger: *S. 9, 14, 15, 47, 54, 55, 80, 86, 87, 115, 122, 123, 130, 156*
Giacinto Carlucci: *S. 12, 24, 64, 96, 144*
Miklas Hahn: *S. 25,* privat: *S. 65, 97, 145*
Werner Feirer: *S. 11*

REGISTER DER REZEPTE

FRÜHLING

SOMMER

HERBST

WINTER